Konrad von Würzburg

Das Leben des heiligen Alexius. Inaug.-diss. Strassburg

Konrad von Würzburg

Das Leben des heiligen Alexius. Inaug.-diss. Strassburg

ISBN/EAN: 9783743636330

Hergestellt in Europa, USA, Kanada, Australien, Japan

Cover: Foto ©Lupo / pixelio.de

Weitere Bücher finden Sie auf **www.hansebooks.com**

Das Leben des heiligen Alexius

von

Konrad von Würzburg.

Inaugural-Dissertation

zur

Erlangung der philosophischen Doktorwürde

vorgelegt der

hohen philosophischen Fakultät

der

Kaiser Wilhelms-Universität

zu Strassburg i. E.

von

Richard Henczynski

aus Konstanz i. B.

Berlin.
Mayer & Müller.
1898.

Von der hohen philosophischen Fakultät
der
Kaiser Wilhelms-Universität zu Strassburg i. E.
genehmigt
am 15. Januar 1898.

Meinem Gönner

Herrn Geheimrat Dr. Remacly

in dankbarer Verehrung

zugeeignet.

I. Einleitung.

Das Gedicht des Konrad von Würzburg über das Leben des heiligen Alexius wurde zum ersten Male 1782 von J. J. Oberlin in seiner Diatribe de Conrado Herbipolita vulgo meister Kuonze von Würzburg Saeculi XIII Phonasco Germanico § V 1 teilweise veröffentlicht und zwar auf S. 33—35 V. 1—176 unseres Gedichtes, auf S. 10, 11 V. 376—383, V. 1084—1087, V. 1388—1412.[1] Auch in dem von ihm vollendeten und herausgegebenen Werke: Joh. Georgii Scherzii, Glossarium germanicum medii aevi potissimum dialecti Suevicae, Argentorati 1781—84 druckte Oberlin eine Reihe von Versen und Wörtern ab. Ihm stand eine Handschrift zur Verfügung, welche Eigentum der in Strassburg befindlichen Johanniterbibliothek war, die aber in den Stürmen der französischen Revolution verloren ging.

Eine vollständige Ausgabe mit ausführlicher Einleitung und Varianten veranstaltete H. F. Massmann in seinem Werke: Sanct Alexius Leben in acht gereimten mittelhochdeutschen Behandlungen nebst geschichtlicher Einleitung, sowie deutschen, griechischen und lateinischen Anhängen. Quedlinburg und Leipzig, 1843. Der Text, sowie der kritische Apparat sind mit Vorsicht zu gebrauchen, da ersterer an grammatischen Fehlern und unhaltbaren Konjekturen reich ist, letzterer bisweilen Falsches enthält. Massmann konnte ausser den durch Oberlin erhaltenen Stellen der Strassburger Handschrift noch eine Innsbrucker Handschrift benutzen.

---

[1] Schon Wolff in seiner Ausgabe der Halbe Bir LXXXV Anm. macht darauf aufmerksam, dass eine Anzahl unvollständiger Exemplare dieser Diatr. verbreitet sind, welche mit S. 32 schliessen.

Auf Grund desselben Quellenmaterials, doch ohne die Innsbrucker Handschrift vor Augen zu haben, bot dann schliesslich 1843 Haupt in seiner Zeitschrift Bd. 3, S. 534—576 eine sorgfältige kritische Ausgabe, der in Bd. 4, S. 400 einige Verbesserungen durch ihn und Lachmann folgten.

Seitdem sind zwei neue Handschriften gefunden worden. Die eine ist Eigentum des Frauenklosters St. Andreas zu Sarnen in der Schweiz. Ihre Varianten vom Haupt'schen Text veröffentlichte auf Grund der Angaben des Alois Lütolf, damaligen Kuratpriesters in Luzern, Pfeiffer in seiner Germania XII 41—48.

Den wertvollsten Fund aber bedeutet die von Martin in der Zeitschrift für deutsches Altertum XL S. 220 ff. angezeigte Abschrift der alten Strassburger Handschrift.

Betrachten wir nunmehr das uns vorliegende Quellenmaterial und beginnen wir mit der wichtigsten Handschrift, der zuletzt gefundenen, die wir im folgenden A nennen wollen.

A

stammt aus dem Nachlasse des vor kurzem in Paris verstorbenen Architekten Émile Reiber und gehört gegenwärtig der Strassburger Stadtbibliothek an unter der Nummer 835 und dem Titel: „Gedicht von dem Spittale von Jerusalem". Sie ist auf Papier in Quart von einer Hand des vorigen Jahrhunderts geschrieben. Ihr Inhalt ist folgender:

1. f. 2. Von dem Spittale von Jerusalem daz houbt ist der bruoder Johansens Ordens — Aus der Johanniter Bibliothek A 100, 101—112.
2. f. 29—53 b (zur Hälfte). Alexius.
3. f. 53 b—54 a (zur Hälfte). Von schaden tegelicher sünden.
4. f. 55—120. Gregorius in dem steine.

Davon ist das 1. Stück in einer vorjährigen Strassburger Dissertation von A. Küster publiziert worden. Das 3. Stück bietet nur einige Prosazeilen und das letzte enthält einen Text des Hartmann'schen Gregorius in verhältnismässig guter Schreibung, aber mit weniger ursprünglichen Lesarten.

Schon äusserlich erhält man den Eindruck, dass A von einem durchaus gewissenhaften und sorgfältigen Schreiber herrühre. Die Schrift ist völlig gleichmässig und vor allem äusserst deutlich; ein Buchstabe, der etwa Zweifel erregen könnte, ist durchstrichen und in klarer Schrift darüber wiederholt. Im einzelnen die Zuverlässigkeit der Abschrift wenigstens teilweise prüfen zu können, ermöglichen uns die von Oberlin aus der alten Handschrift aufgezeichneten Stellen.

Ein Vergleich ergab ein für Oberlin und A durchaus günstiges Resultat. Es finden sich nämlich nur folgende Unterschiede:

In A: Auslassung eines auslautenden n in *lebe* 18, *erde* 149, was eine alemannische Eigentümlichkeit ist, die Oberlin vielleicht getilgt hat.

Auslassung eines m in *vngelipf* 769.

eines r in *ewelter* 143.

etwas statt *etzwer* 31, wobei aber kein unbedingt sicherer Entscheid zwischen Oberlin und A zu treffen ist.

Für *mahte* bei Oberlin hat A 975 *mohte*, für *herter* 1026 *harter*.

Alles andere sind nur unwesentliche Unterschiede in der Schreibart. So hat Oberlin *v*, wo sich in A *u* findet: *wunder* 54, *getruwes* 69, *kunst* 134, *genuht* 156, aber ebenso häufig das Umgekehrte: *hrs* 548, *svs* 547, *vngelimpf* 693, *drvz* 975. *vi* bei Oberlin ist in A stets durch *v* oder *ü* wiedergegeben, *f* durch *v*, *ui* durch *u*: *tuz* 20, *gespulet* 1217, *ui* durch *ve*: *gespvelten* 688, *ve* durch *v*: *getvsche* 226, *ir* oder *iu* durch *v*: *trven* 376, *dv* 378, *zu* durch *zuo* 1399, *vnd* stets durch *vnn*, *i* durch *ie*: *liebeste* 80, *begiengen* 692, *ie* durch *i*: *vrisel* 392.

Das *s* in *das*, *swas*, *was* ist in A stets *z*. Zu *das* bemerkt Oberlin, dass es in der Hdsch. gewöhnlich zu *dc* abgekürzt ist. 693 hat O *grossen* A *grozen*. In *sit* 2 und *kint* 692 hat O *d*, in *underbint* 364 *t*. Statt *m* hat O doppeltes *m himmel* 842. Für *geaht* bei Oberlin hat A *gedacht* 1400. *davon* 16, 42, *darin* 1087, *iedoch* 100, *alhie* 140 schreibt Oberlin getrennt.

Andererseits finden sich bei Oberlin einige leichte Versehen: *als* statt *Dis* 157, *tugenden* statt *tugende* 158, *bejaget* statt *bejages* 176 (augenscheinlich ein Druckfehler, da es unter dem Subst. bejac aufgeführt ist), *dvrnehtic* statt *durchnehtic* 242, *in* statt *im* 693, *minen* statt *miner* 974, *wil* statt *vil* 1215, *han* statt *hant* 1388, *hant* statt *han* 1390, *war* statt *wart* 1392.

Die Unterschiede von A und O sind also so geringfügig, dass wir A, wo nicht besondere Gründe vorliegen, unbedenklich als getreue Wiedergabe der verlorenen Handschrift ansehen können.

Die Vorlage von A

ist eine elsässische Handschrift aus dem Anfang des 14. Jh.[1] Das zeigen die vom gewöhnlichen Mittelhochdeutsch abweichenden Schreib- und Sprachformen.

I. Im Konsonantismus.

1. *ph* und *pf* wird in gleicher Bedeutung für denselben harten Reibelaut gebraucht (Weinhold, Alemannische Grammatik § 157). 769 *ungeli(m)pf*, 770 *schimpf*, 693 *vngelimpf*, 694 *schimph*.

2. Doppeltes inlautendes *m* für einfaches *m*, zum grossen Teil nur nach Kürzen l. c. § 167 (1321 *namen*): 1322 *lammen*.

3. Schwanken zwischen auslautendem *m* und *n*, an dem vorzugsweise das Alemanische beteiligt ist, Mhd. Gr.² § 216. 193 *gadem*. — 714 *dem* statt *den* und 664 *den* statt *dem* werden Schreibfehler sein.

4. Die im alem. beliebte Doppelung von *t* nach Kürzen. Das Nichtvorkommen solcher Doppelung nach Längen beweist, dass die Handschrift vor dem 15. Jh. entstanden sein muss. l. c. § 172.

---

[1] cfr. A. Küster, Von dem Spitâle von Jêrusâlêm, Strassburg. Dissertation 1897.

Wir finden Reime wie *treten : betten*, bald *gotte : gebotte*, bald *gotes : gebotes*, bald *vatter*, bald *vater* u. s. w. 86 ist das eine *t* in *gottes* durchstrichen.

5. Abfall eines auslautenden *t*, wenn dasselbe einem anderen Konsonanten verbunden ist. 615 *teilhaf*: 616 *erbeschaf*. l. c. § 177.
6. Antritt von unechtem *t*, besonders an die Pluralflexionen des Zeitwortes. l. c. § 178.
7. Die namentlich im Elsässischen durchgeführten Erweichungen von *t* zu *d*. § 179. 303 *deil*, 1371 *drungen*.
8. Das auslautende *d*, das im 14. und 15. Jh. für *t* stark durchbricht. § 183.
9. Die Schreibung *dc* für *daz*. § 188.
10. Die alemannische Neigung des *r* in *l* überzugehen, sowohl in- wie auslautend. § 194. 452 *kilche*, 651, 925, 1238 *martellichen*, 1037 *martelliche*, 1171 *uzzewelte*, 1241 *purpul*.
11. Der Ausfall des *r* in *werlt*. § 197. 1043 *welte* und Abfall des *r* oder Tonloswerden desselben am Wortende in der Bildung und Biegung *-er*, 1136 *darunde*.
12. Die Einschiebung von *n*, eine Nasalierung, welche die Schreiber des 14. Jh. genauer andeuten. § 201. 411, 669, 747 *weninc* und Verbalflexionen.
13. Die im Alem. beliebte Ausstossung von auslautendem *n*, bes. in einsilbigen Worten und im Infinitiv. § 202. 307 *de*, 86 *wâre*, 354 *linde*, 375 *rehte*, 535 *guote*, 930 *reine*, 988 *müeze*, 1091 *unmaze*, 1295 *herze*, 1308 *gienge*.
14. Ausstoss von inlautendem *n*. § 200. 848 *offelichen*, 881 *giegen*.
15. *nn* statt *n*. § 204. 1116 *svnn*.
16. Der Abfall der auslautenden Tenuis *c*. § 210. 1311 *mani*, 520 *enpfien*, besonders am ersten Teil von Zusammensetzungen. 280 *riuwelichen*.
17. Auslautendes *g* statt *c*, das sich besonders in elsässischen Schriften des 14. Jh. findet. § 213. 633 *pflig*, 743 *bvg*: 744 *gezvg*, 908 *manicvaltig*, 950 *dvrhluchtig*.

18. *g* als Bildungskonsonant an Stelle von *j*, was allerdings bloss graphische Bedeutung hat. § 215. 215 *glregende*, 216 *blregende*, 891 *Honorge*.
19. Abfall von auslautendem *ch* am ersten Teil von Zusammensetzungen. § 226. 752 *buostaben*.
20. *h* als blosses Trennungszeichen zwischen Vokalen. § 232. 1210 *spiheten*.
21. Verfeinerung von *ch* zu *h*. § 235. 33 *durhnechtecliche*, 46 *durh*, 178 *hohgezit*, 1356 *gewahet*.
22. Auch Spuren des erst in der 2. Hälfte des 14. Jh. herrschend werdenden *ch* für *h* in Verbindungen, namentlich mit *t*. 147 *angesicht*, 1098 *mochte*.
23. Die im Alem. ungemein beliebte nasalierte Form *-ent*. Da diese im 15. Jh. schon *-int* lautete, haben wir einen weiteren Beweis für die frühe Entstehungszeit unserer Handschrift. § 342.
24. Unechter Endvokal in der 2. sg. imp. starker Zeitwörter. § 349. 110 *laze*.
25. Indem A stets *swer*, *swaz*, *swen* schreibt, zeigt es, dass es im Anfang des 14. Jh. entstanden ist. Weinh. Mhd. Gr. § 496.

II. Im Vokalismus.

1. Das Sträuben der alemannischen Mundart gegen den Umlaut. § 10. 349 *clagenlichen*.
2. *æ* als Bezeichnung des Brechungs *ě*. 1200 *mærkent*.
3. *e* für *ü*. § 17. 711, 874 *verwar*.
4. Ausstossung und Abwerfung von *e*. § 18. 410 *wins*, 81 *zit*, 82 *milterlich*, 611 *alleweg*, 1236 *schoen*.
5. Unterdrückung des *e* in *be-*. § 18. 51, 181 *bleip*, 239, 249, 525 *bliben* und häufige Elision bei *ge-*, 1112 *gliche*.
6. Das durch die offene Aussprache von ü entstehende unechte *i*. § 22. § 115. 906 *wirde*, 1060 *wirdest*, 1063 *antwirte*.

Tausch zwischen *i* und *u* (unechter Umlaut). 296, 904 *wirden*, 1346 *wirde*.
7. Der irrationale Laut *i* in Vor-, Bildungs- und Biegungssilben. § 23. § 115. 1207 *swerin*, 1246 *owi*, 912, 1373 *bisunder*, 1320 *irloeset*.
8. Die bes. im Elässischen starke Neigung *o* für *a* zu setzen. § 25. § 116. 375, 865 *worheit*, 438 *noch*, 1029 *hore*, stets *do*.
9. *o* für *e*. § 26. 25 *vromde*.
10. *ô* für *e*. § 117. 479 *froemede*.
11. Der Umlaut des *o*, *ô* dringt in der Schreibung nur sehr allmählich durch. § 27. 167 *schone* : 168 *crone*, 256, 837, 1034 *schonen*.
12. Das irrationale *u* in Suffixen. § 30. 377 *turtultube*.
13. Die sehr mannigfachen Schriftzeichen für das umgelautete *u*. § 31.
14. *e* für *ei*. § 36. 238 *beden*, 270, 636 *en*.
15. *y* für langes und kurzes *i*. § 40. 577 *massenye*, 1326 *sy*.
16. *ô* statt *uo*, das nach dem 14. Jh. nicht mehr vorkommt. § 41. 270 *stont*.
17. Verengung von *ou* zu *ô*, die sich im Alem. am umfänglichsten vollzieht. § 42. 437, 625, 985 *schowen*, 438 *vrowen*, 1074 *gehowen*, 1108 *vrowe*.
18. *ie* für *i*. § 63. 756 *bie*, 84 *drie*.
19. *oi* seit dem 14. Jh. neben *ô*, *oi*, *oei* beliebt. § 69.
20. *i* für *ie*. § 90 u. § 40 b. 27 *entslizen*.
21. *a* für *o*. § 112. 1069 *erlast*.

 Der unbestimmte Vokal der Endungen durch *a* bezeichnet. § 112. 793 *obenan*.

22. *e* für *a*. § 114. 110 *der umbe*.
23. Unechtes *u* für *o*. § 118. 1358 *wuche*.
24. *w* und *uu* für *wu* hat wohl nur graphische Bedeutung. § 163. 142 *wnsch*, 166 *wnsche*, 490 *wnnebere*, 575 *wnnenclichen*, 920, 1374 *wnder*. Ebenso wohl auch *wr* für *wür*. 526 *wrde*, 1370 *wrze*.

25. Seit dem 14. Jh. verschwindet die gedehnte Form — œre. § 255. 1 *schepfer*, 468, 497 *glockener*, 888 *burgern*.
26. Im Conj. ist das nicht umgelautete *mohte* alemannisch noch sehr häufig. § 378. 140 *mohte*.
27. Sg. Nom. Fem. die statt *diu*. § 418.
28. *stênt* Nebenform für *stânt*. § 332. 1110.

Wenn auch bei einem grossen Teile der aufgeführten alemannischen Eigentümlichkeiten nicht sicher zu erkennen ist, ob sie nicht dem in Basel schreibenden K. eigentümlich sind, von dem feststeht, dass er dialektische Formen nicht unbedingt vermieden hat, so können doch einige mit Bestimmtheit dem Schreiber zugewiesen werden. So *gadem* statt *gaden*, cfr. Anm. zu 193, *sagenne* statt *sagende*, da es auf *tragende* reimt, *Honorge* statt *Honorje*, da es auf *historje* reimt, *bleip* statt *beleiben*, cfr. Anm. zu 51, *gliche* statt *geliche*, cfr. Haupt zu Eng. 209, *hore* statt *hare*, da es mit *clare* reimt, *vrom* statt *vrum*, da es auf *Alexium* reimt.

Zur völligen Charakterisierung von A mögen noch die Abweichungen und Eigentümlichkeiten folgen, welche keinen speziell alemannischen Charakter an sich tragen oder als Schreibfehler anzusehen sind. 124 *vowen* statt *vromen*, 769 *ungelipf* statt *ungelimpf*, 401 *swærer* statt *swæren*, 552 *werder* statt *werden*, 584 *hoher* statt *hohen* und vielleicht 117 *inneclicher* statt *inneclichen*, 257 *Laudantia* statt *Laudatia*.

s für *d* in *vrisel* und *segen*.

Der *f* Laut nur einige Male vor *r* und *v* und in *fin* mit *f* bezeichnet, sonst stets durch *v*.

Ein scharfer Unterschied zwischen *z* und *s* ist nicht gezogen. Denn obwohl die 3. p. Sg. praet. vom Hülfszeitwort stets *waz* geschrieben ist, steht *was* im Reime mit *palas* 80, das doch seinerseits ebenfalls an anderer Stelle *palaz* geschrieben ist. Mit Ausnahme von 57 steht für *ze* stets die volle Form *zuo*.

Wenn sich 938 *sein* statt *sin* findet, so dürfte dies dem letzten Schreiber zufallen, da die Diphthonguierung dem Elsässischen fremd ist. Weinh. Alem. Gr. § 131.

Alle sonstigen Einzelheiten werden sich in den Varianten angemerkt finden.

J.

Die Innsbrucker Handschrift wurde zuerst erwähnt in Mone's Anzeiger Bd. 8 (1839) S. 217. Sie gehört gegenwärtig dem Ferdinandeum in Innsbruck unter dem Bibliothekszeichen 16. 0. 2 an. Sie ist in folio, in zwei starken Holzdeckeln gebunden, Papier, und enthält auf der Innenseite des ersten Deckels die Aufschrift: Buch der Togni 1425 (= Apokalypse). Sie ist in 2 Spalten geschrieben, die Verse sind nicht abgesetzt; doch die Anfangsbuchstaben der Verse sind in grossen Lettern und rot durchstrichen. Dies ist aber sehr unregelmässig und häufig ganz verkehrt geschehen. Bisweilen z. B. sind die ersten Buchstaben in der Zeile rot durchstrichen, ohne dass der Vers mit der Zeile beginnt. Es kommt sogar vor, dass ein mitten im Wort stehender Buchstabe rot durchstrichen wird, wenn er die Zeile beginnt. Absätze sind nicht gemacht. Die Handschrift enthält 238 Blätter; auf S. 228—238 steht der Alexius. Er ist augenscheinlich später angeheftet, aber, so weit ich sehen konnte, von derselben Hand geschrieben, wie das übrige.

Den übrigen Inhalt der Handschrift gebe ich nach den Ueberschriften an:

1. Buch der Togni. 48c Von der Würde des heiligen Sakramentes. 50a Von der Entstehung des edlen Sakramentes. 51d Warum sich Gott selbst opferte. 54b Von den Zeichen und Wundern des Sakramentes. 55c Von der Kraft des heiligen Blutes Jesu Christi. 58a Von der Vorbereitung zum heiligen Abendmahl. 60c Wie und wann du das heilige Sakrament empfangen sollst. 64d Von dem Nutzen des Sakramentes. 66a Hier fängt eine andere Materie an von dem Sakrament, die der elfte Alte nicht in seiner Lehre einbegriffen hat und erzählt von den 6 Namen, die das Sakrament hat. 83d Hier beginnt wieder die Lehre der 24 Alten. Der 12. lehrt von unser Frauen Leben. — Diese Ueberschrift

bricht am Ende einer Seite plötzlich ab, so dass ein oder mehrere Blätter zu fehlen scheinen. — 85 c Von Maria Geburt und ihrem Namen. 88 b Von Maria heiligem Leben im Tempel. 91 c Die 7 Gebete unserer lieben Frauen. 92 b Von Maria Vermählung und ihrer Empfängnis. 98 c Vom Mitleid unsrer Frau mit ihrem Sohn. 102 c Von ihrer Freude über die Auferstehung. 104 d Von ihrem heiligen Leben nach ihres Sohnes Himmelfahrt. 115 b—116 d Was die 24 Alten lehren und ihre Aussprüche. 226 a b führt er die Lehrer und Meister an, welche ihm bei diesem Werk behülflich waren. Es folgen dann persönliche Bemerkungen über die anstrengende Arbeit.

Die ganze Handschrift schliesst mit folgenden Sätzen, wobei ich die von Massmann vielfach verlesenen und missverstandenen Abkürzungen gleich auflöse:

finitus est iste liber per me fratrem Johannem ritter ordinis minorum (sc. fratrum) terminarius in Winterthur et conventualis Schaffhusiensis anno domini MCCCCXXV feria quarta ante oculi etc.

Et mementote mei pure propter deum Amen etc.

Die Handschrift ist also beschlossen worden am 7. März 1425.

Der gütigen Vermittelung des Herrn Direktor der Strassburger Universitäts- und Landesbibliothek Geheimrat Barack verdanke ich es, dass mir die Benutzung der Handschrift zu Strassburg möglich war.

Einer ausführlichen Darlegung der Eigentümlichkeiten dieser Handschrift bedarf es nicht, da Abfassungszeit und Ort bekannt sind. Ich gebe daher im folgenden nur kurz die Haupterscheinungen an, da ich den Variantenapparat nicht ungebührlich vergrössern wollte.

Es findet sich statt e $\bar{o}$, $\bar{a}$, statt ei ai, statt uo $\ddot{u}$, statt ou $\ddot{o}$, statt iu $\dot{u}$. Auslautendes e ist abgefallen oder ist, wie es scheint, bei g durch einen verlängernden Strich bezeichnet. Für j steht ff, für t tt, für auslautendes c g, für p b und das umgekehrte, für t d, für z ss, cz und s, für s sch, für h ch und das umgekehrte, für r l. Auch Metathesis des r kommt vor. *n* bez. *m* ist in *en, em, on, an, un* durch einen Strich über dem Vokal bezeichnet, in *en* bisweilen *e* durch dasselbe Zeichen über *n*. Für -*er* wird die Abkürzung ⸗ gebraucht. Es findet sich ferner für *daz dz*, für *was wz*, für *mi nm*, für *swer wer*, für *wären warond*, für *si sig*, für *niht nůt*, für *hæten hettint*, für *manic menger*, für auslautendes -*et* -*ot*, für *kiusch künsch*, für *siufzen sünfzen*.

S.

Die Sarner Handschrift, welche ich dank der Empfehlung des Herrn Geheimrat Barack und der Liebenswürdigkeit des Herrn Pater Beichtiger Wissmann an Ort und Stelle einsehen konnte, ist ebenfalls in folio. Auf dem Rücken des Einbandes trägt sie die Zahl 240, auf dem oberen Deckel die Aufschrift Sarner Msc. No. 2. Auf der Innenseite des ersten Deckels finden sich folgende Angaben: „Eigentum des löbl. Frauenklosters St. Andreas in Sarnen, bis 1615 in Engelberg. 273 Blätter, ferner 3 unfoliierte Blätter am Ende: Bruchstück aus der Pilatuslegende. Auf dem hinteren Deckel aufgeklebt: Do har nach geschriben ist von dem fůsdritten die cristus dett in sinem liden von eim zum andrē. 17. j. 1888 P. B. G." Letztere Buchstaben bedeuten Pater Beichtiger Gotthold.

Augenblicklich befindet sich S mit allen übrigen handschriftlichen Schätzen des Frauenklosters der Feuersicherheit wegen wiederum in Engelberg.

Die Handschrift rührt nach den Angaben des Alois Lütolf, welche Pfeiffer in der Germania XII 41 publiziert hat, von Heinrich Kramer, Lehrmeister in Zürich, her und ist im Jahre 1478 geschrieben worden. Woher diese Mitteilung stammt, habe ich leider nicht ermitteln können. S besteht aus drei, besonders foliierten Teilen, die aber alle von derselben Hand herzurühren scheinen. Der Schreiber hat sich bei der Foliierung mehreremale versehen; die richtigen, durch die ganze Handschrift durchgehenden Zahlen werde ich daher in arabischen Ziffern danebensetzen. Im übrigen ist sie ganz wie J angelegt, spaltenweise, Anfangsbuchstaben gross und rot durchstrichen, Verse nicht abgesetzt.

Sie enthält in der ersten Abteilung LVII (58) — LXII (63) c die Legende von sant Allexius. Ihr sonstiger Inhalt ist folgender: I Heilige drei Könige. XV c Bedeutung der Messe. XVIII b dasselbe von einem Stück zum andern. XXI c Leben der zwölf Apostel und Johannes des Täufers. XLVII (49) c Maria Magdalena. LIIII (55) a Sant Martha. LV (56) d Marina. LVII (58) c Allexius. LXII (63) c Sant Katrina. LXVI (67) b Sant Barbara. LXVII (68) b Sant Ottilia. LXVII (69) d Sant Josen. LXXII (73) a Saut Cristoffel. LXXIIII (75) a Sant Fridlinus. LXXVIIII (79) b Sant Steffen. LXXVIIII (79) d Von Weihnachten. LXXXI (81) Episteln und Evangelien.

Die beiden übrigen Teile enthalten ebenfalls noch zahlreiche Heiligengeschichten.

Eine ausführliche Auseinandersetzung der Sprache und Schrift von S ist noch weniger nötig, wie bei J, da der Charakter unsrer Handschrift genügend aus den umfangreichen Einschüben, die ich wörtlich übernommen habe, zu erkennen sein wird.

Ich führe daher nur einige Hauptpunkte an: Auslautendes *e* fehlt z. B. *rom, wird, gebott, pfleg, weg* u. s. w.

Ausstoss eines inlautenden *e* z. B. *megde, kemnate, sender, geclagt, lepte* u. s. w.

Statt *e* erscheint *ó* z. B. *móntsch, frómde*, statt *i* 1. *y* z. B. *by, yemer, keyser*. 2. *ie* z. B. *wieróch*, statt *uo* *ů* z. B. *richtům, můt, trůg*, statt *iu* *ü* z. B. *lütten*, statt *ou* *ö* z. B. *öch, fröwen*, statt *eu* *ö* z. B. *fröd, erfröwet*. Es findet sich stets *ei*, nicht *ai*, wie bei J.

Was den Konsonantismus betrifft, so wird *z* wiedergegeben durch *s* z. B. *reines, gros* und *tz* z. B. *hertze, gantze* und *ss* z. B. *flisse, geheissē*. Für *s* findet sich *sch* z. B. *schwach, beschwerde, schlag*, für *sch* *tsch* z. B. *móntsch*, für *t* *tt* z. B. *gott, nott*, für *t* *d* z. B. *dische, kind, sid*, für *d* *t* z. B. *tirren*, für *l* *ll* z. B. *pallas, allmüsen, Allexius*, für *r* *l* z. B. *kilche*, für *b p* z. B. *porten, lepte,* für auslautendes *p b* z. B. *wib, beleib, vertreib,* für *c g* z. B. *trûg, pflag, selig,* für *h ch* z. B. *hochen, gemachel,* für *n nn* z. B. *wann.* Eingeschobenes *n* z. B. *lôgnen.* Metathesis von *r* z. B. *obrest,* für *r rr* z. B. *erhörren. -er* abgekürzt durch ' z. B. *wund', d', schwang'.* *n* bezeichnet durch einen Strich über dem Vokal z. B. *warē, iarē, mā.* Voller Vokal in den Endungen z. B. *dienot, erdan, schôni.* Ferner die Formen *ira, iren, inen.* Für *daz dz,* für *was wz.*

Verhältnis der drei Handschriften.

Als höchstwahrscheinlich ist wohl anzunehmen, dass alle drei Handschriften auf eine gemeinsame Vorlage zurückgehen. Das beweisen sowohl die allen drei gemeinsamen Fehler, als auch das wiederholt sich findende völlige Auseinandergehen an denselben Stellen. Ich verweise einerseits auf die Varianten zu 107. 240. 770. 951. 1013., andererseits auf die Lesarten zu 74. 215. 239. 241. 268. 674. 764. 919. 1120.

Dass die verlorene Strassburger Handschrift, wie man leicht geneigt sein könnte anzunehmen, diese gemeinsame Vorlage nicht gewesen ist, ergeben 73. 74., die in ihrer lücken- und fehlerhaften Gestalt durch A und Oberlin gleichmässig überliefert sind. Die weitere Untersuchung nach einer Verwandtschaft zweier Handschriften unter einander ergab ein negatives Resultat. Wohl finden sich zwischen J und S vielfache Uebereinstimmungen in fehlerhaften Stellen. Doch lassen sich diese zum grössten Teil aus dem Umstande erklären, dass beide Handschriften ungefähr zur gleichen Zeit und in derselben Landschaft entstanden sind. Aber auch auf Fehler wie 57. 75. 84. 168. 171. 174. 176. 184. 204. 218. 255. 358. 386. 398. 447. 457. 493. 521. 527. 567. 571. 623. 637. 640. 686. 758. 812. 835. 880. 912. 989. 1064. 1100. 1110. 1202. 1258. 1380. konnten zwei Schreiber unabhängig von einander gelangen. Mit absoluter Bestimmtheit ist hier naturgemäss allerdings nichts zu entscheiden.

Noch weniger darf man aus den Uebereinstimmungen von A und J (806, 1010, 1357) oder A und S (606, 992, 1210) irgend welche Schlüsse ziehen.

Wollte jemand aus den J und S gemeinsamen Stellen auf ein näheres Verhältnis beider Handschriften schliessen, so könnte man ihn auf die zuletzt angeführten Verse verweisen, aus denen man mit ebenso gutem Rechte eine Verwandtschaft von A und J bz. A und S herleiten könnte.

Wir hätten es demnach, wenn unsere Annahmen richtig sind, mit drei von einander unabhängigen Quellen zu thun.

Der Wert der Handschriften ist ein durchaus verschiedener. Schon a priori kann man annehmen, dass A uns den besten Text liefert. Es ist, wie gezeigt, die getreue Wiedergabe einer bald nach der Abfassungszeit des Gedichtes entstandenen Handschrift. Es gehörte ferner A der Bibliothek des Johanniterordens an, der auch am Entstehungsorte des Alexius, in Basel, eine Niederlassung hatte. Die Schreiber von J und S dagegen haben den Text nicht nur in Sprachformen und Ausdrucksweisen ihrer Zeit umgesetzt, sondern sie haben ihn auch durch willkürliche Auslassungen und Hinzufügungen entstellt. Davon wird sich ein jeder bei Durchsicht der Varianten so leicht und schnell überzeugen, dass mir ein näheres Eingehen darauf und ein Beweis füglich erspart bleiben kann.

Haupt nennt die Innsbrucker Handschrift eine späte und sehr schlechte, Pfeiffer sagt von der Sarner, dass sie an Wert noch unter J stehe.

So versteht es sich denn von selbst, dass ich dem von Haupt bei seiner Ausgabe befolgten Prinzip treu bleibe, d. h. dass ich von A nur unter bestimmten Gründen abweiche.

Quellen.

Was die sehr verwickelte Untersuchung nach der Entstehung der Alexiuslegende und der Verwandtschaft der einzelnen Gedichte untereinander anbelangt, so verweise ich nur auf die eingehenden Erörterungen von Heinrich

Schneegans, die romanhafte Dichtung der Alexiuslegende in Modern Language Notes No. 5 May, No. 6 June 1888. Max Friedrich Blau, Zur Alexiuslegende, Wien, Diss. 1888. Amiaud, La légende syriaque de s. A. in Ec. des Haut. Et. 79 fasc. 1889. (cfr. Grundriss der rom. Phil. hrsg. v. Gröber, II. Band, 1. Abteilung, S. 443, Anm. 9.)

Für unsern Zweck genügt es festzustellen, dass K als Vorlage die von den Bollandisten aufgenommene Legende benutzt, welche Massmann in seiner Ausgabe unter β S. 167—171 abdruckt, und zwar folgt ihr unser Dichter so genau, dass man sein Werk eine poetische Uebertragung der lat. Prosa nennen kann. Es gehört somit unser Gedicht derjenigen Gruppe an, welche auf die kirchliche Seite der Sage ihr Hauptgewicht legt. Weitere Ausführung der Gespräche, Uebertragung indirekter Reden in direkte, Ausmalung der Leiden des Alexius, von denen die durch die Knechte im eigenen Hause erlittene Schmach des Heiligen besonderen Eindruck auf K. gemacht zu haben scheint, das sind die Hauptunterschiede unseres mittelhochdeutschen Gedichtes von der durch die Bollandisten in den Acta Sanctorum überlieferten lateinischen Fassung.

In die sog. „bräutliche" Gruppe, in der die Braut die Hauptrolle neben Alexius spielt, führen uns die von S gemachten Zusätze. Diese enthalten nämlich folgendes:

1. nach 114: Gebet der Mutter um ein Kind und Opferung von Kinderfiguren.

2. nach 122: Geburt des Kindes, Taufe, Erziehung durch eine Amme, die selbst sehr geehrt wird, Heranwachsen des Alexius..

3. nach 179: Festzubereitungen, denen Alexius beiwohnt.

4. nach 220: In der Hochzeitsnacht rät Alexius seiner Braut ewige Keuschheit an und giebt ihr Lehren, wie sie sich äusserlich zu betragen habe, warnt sie vor den sieben Hauptsünden und zählt alle zehn Gebote auf, worauf dann von der Braut die nicht unberechtigte Einwendung erfolgt: So ihr ein Prediger sein wollt, hättet ihr mich ruhig meinem Vater und

meiner Mutter lassen sollen. Jedoch unbeirrt redet Alexius weiter: Wie die Kerze niederbrennt, so müssen auch wir vergehen. Folgst du aber meinem Rat, so wirst du einst nicht dem Teufel verfallen, sondern das ewige Leben erlangen. Diesen überzeugenden Worten verschliesst sich denn auch das Mädchen nicht. Zum Abschied steckt sie ihm einen Ring an den Finger.

5. nach 336: ein Gebet, in dem er Vater, Mutter, die Braut und die ganze Christenheit Gott befiehlt.

6. nach 1290: die Braut findet an dem Leichnam des Heiligen den von ihr geschenkten Ring. Seine Hand öffnet sich von selbst und überlässt ihr den Ring.

In welch unglaublich nachlässiger Weise diese Hinzufügungen gemacht sind, möge nur ein Beispiel zeigen. Es stehen folgende Sätze unmittelbar hintereinander: Gott erfreute sie, indem er ihnen ein Kind schenkte. Das war edel und fein; denn sie hatten es von Gott selbst erbeten. Die edle Frau ward eines Sohnes schwanger. Darüber wurden sie sehr froh. Sie erhielten einen schönen Sohn.

Diese zusammenhanglos eingefügten Sätze sollten zu der Annahme berechtigen, dass sie aus einem andern Gedichte herübergenommen wären. Doch habe ich in keinem der von Massmann abgedruckten Gedichte Anklänge an die von S gegebenen Zusätze finden können. Ob diesen sonst eine schriftliche Quelle zu Grunde liegt oder ob sie mündlicher Ueberlieferung zu verdanken sind, konnte ich bei der grossen Ausbreitung, welche die Sage gefunden hat, nicht feststellen. Welchen tiefen Eindruck die unserm Geschmack weniger zusagende Erzählung hervorzurufen im Stande war, zeigen uns Goethe's Briefe aus der Schweiz (Münster, den 11. Nov. 1779), wo die Legende unseres Heiligen auf Grund eines Buches von Martin von Cochem verbreitet war.

Auch über die Entstehung einiger Aenderungen der Sage war mir nicht möglich etwas sicheres festzustellen.

So habe ich in keinem der bei Massmann abgedruckten Gedichte einen ähnlichen Widerspruch der Braut gegen die

Aufforderungen des Alexius erwähnt gefunden. Ebenso giebt überall Alexius der Braut den Ring, nicht umgekehrt, wie hier bei S.

Entstehungszeit des Gedichtes.

Wenden wir uns der Frage nach der Entstehungszeit des Konradischen Gedichtes zu, so hat hierzu bereits Fr. Pfeiffer, Germ. XII S. 26 die Behauptung ausgesprochen, dass es ohne Zweifel vor den Partonopier fällt und als K.'s frühstes in Basel entstandenes Gedicht zu betrachten ist. Dieses möchte ich durch folgende Erwägungen unterstützen.

Wie die Worte *tumber kneht*, mit denen sich Hartmann im Erec bezeichnet, zur Annahme einer frühen Entstehungszeit dieses Gedichtes geführt haben, berechtigt uns V. 1395 zu demselben Schluss. Der Alexius hat mit keinem andern Gedichte K.'s so viele enge Zusammenstimmungen wie mit dem Partonopier. Ich verweise auf die Anm. zu 18. 58. 64. 107. 124. 138. 148. 151. 161. 168. 176. 178. 198. 203. 255. 297. 351. 395. 477. 479. 580. 605. 752. 805. 858. 1033. 1047. 1110. 1125. 1174. 1238. 1288. Bei einem so wenig umfangreichen Gedicht, wie die Herzmähre, glaube ich, dass auch so wenige Stellen, wie ich sie zu 232. 344. 376. 393. 736. notiert habe, für eine zeitliche Nachbarschaft beweiskräftig sein könnten. Doch könnte entgegen der Ansicht von Pfeiffer, welcher die Herzmähre in die Strassburger Zeit setzt, die Erwähnung der trauernden Turteltaube in der Herzmähre und im Alexius für eine spätere Abfassungszeit des ersteren Gedichtes sprechen. Denn in der lat. Quelle zum Alexius, war K. diese Erzählung gegeben und, wenn auch bei der weiten Verbreitung dieser Sage im Mittelalter anzunehmen ist, dass sie unserm Dichter schon vorher bekannt war, so wird sie ihm doch die Alexius-Legende wieder in das Gedächtnis zurückgerufen haben.

So möchte ich denn die Vermutung aussprechen, dass die Herzmähre unmittelbar nach dem Alexius, also in Basel, und nicht in Strassburg, entstanden ist.

Die jetzt in drei Bänden vorliegende neue Ausgabe der Urkunden aus der Stadt Basel, die Zeit bis 1300 umfassend, welche zu erneuter eingehender Untersuchung der von K. in seinen Werken erwähnten Namen Basler Bürger auffordert, konnte für die Zeitbestimmung unseres Gedichtes keinen Anhaltspunkt liefern.

Heinrich Isenlin war procurator des Basler Spitals; Johannes stammte aus Bermeswile, einem in Solothurn s. w. Laufen liegenden und zum Kloster Beinwil gehörigen Ort. Er wird frater genannt (III. Urk. 127). Beide waren angesehen und reich begütert; ihre Besitzungen stiessen zum Teil aneinander.

Isenlin tritt zum ersten Mal in einer Urkunde von 1265 auf, Johannes wird zuerst im Jahre 1273 erwähnt. Beide haben K. überlebt und liefert deshalb ihre Erwähnung für unsern Zweck kein Material.

II.

Got, schepfer über alliu dinc,
sît der wîsheit ursprinc
von dir vliuzet unde gût,
sô lâ mir dîner helfe rât
5. zuo vliezen und die sinne sleht,
daz ich geprîse dînen kneht
und ich des leben hie gesage
der alsô lûter sîne tage
in dîme dienste wart gesehen.
10. sîn lop durnehteclîche enbrehen
muoz von wâren schulden.
er hât nâch dînen hulden
geworben alsô vaste
daz in der êren glaste
15. sîn name sol erschînen.
dâ von sô lâ mir dînen
wîsen rât ze helfe komen,
sô daz sîn leben ûz genomen,
daz in latîne stât geschriben,
20. werde in tiusch von mir getriben
alsô bescheidenlichen nu
daz dû von geprîset du

A Ueberschrift: Hie nach stat geschriben von santo Alexio waz er leit vffen ertrich durch got vn swer daz liset vnde us lat ze herzen gan daz mag in gebesseren groseliche an selen vnn an lip.
1—56 fehlt S. 2. sid das das d. w. J. 4. läs J. 8. alz A O. 10. Sin lib dur lúchteklichen enpfelchen J. din A O. 13. alz A O. 14. swaz A. swas O (Anm.: lege das). 18. so waz sin lebe A. so was sin leben. (Anm.: lege das) O. Das ich J. 20. zvo tusz A. zvo tvisz O. fehlt J 21. alz A O. beschaidenlich J.

werden müezest und ouch er.
sîn hôher name was dâ her
25. sô vremde gnuogen liuten.
nu wil ich iu betiuten
unde entsliezen die getât
die der vil sælden rîche hât
begangen ûf der erden,
30. durch daz gebezzert werden
müg eteswer von sîner tugent.
wan swer daz leben sîner jugent
durchnehteclîche merket,
der mac dâ von gesterket
35. an guoter sache werden hie.
der sældenrîche lebete ie,
macht ander liute sældenhaft.
er gap in edel bîschaft
und ein sô nützez bilde
40. daz in diu sünde wilde
wart von gotes lêre.
dâ von hab ich nu sêre
mînen muot geleit daran
daz ich gesage von einem man
45. der hæte gar ein heilic leben,
durch daz sîn tugent müeze geben
den liuten hôhe sælikeit,
den hie sîn leben wirt geseit

---

23. Haupt fälschlich mügest ohne Variantenangabe. 25. ze frömde gnůg- den l. J. vromde A O. 26. vch A O. ůch J (von Haupt nicht angegeben). 28. seldenriche A O. săldriche J. 29. erde O A. 30. werde A O. gebessret J. 31. mvge etzwas A. mvige etzwer O. 33. Durch nätteklichen J. 35. fehlt J. sachen A O. 36. der selden riche lebete ie A O. Des sældenrichen lebn je: gebrast an dē jüglín nie J. 37. und A O J. mahte A O. săldeschafft J. 42. da von so hab i. n. s. A O. 43. gelet J. 44. D. i. ůch sage J. 45. D. hät g. ain sålig lebn J. 46. Dem dz sin tugēd hāt gebn J. (Haupt fälschlich dz] da, hat] hórt).
48. Den den dz l. J.

und daz lobelîche dinc,
50. wie der kiusche jungelinc
beleip der houbetsünden vrî.
swer nu sô reines muotes sî
daz er mit willen hœre sagen
daz wunder sînes lebetagen,
55. der sol mit vlîze bieten her
sîn ôren und des herzen ger.

Ze Rôme ein edel herre was
der in sîn reinez herze las
milte und ganze erbermekeit.
60. grôz wunder was ûf in geleit
rîchtuomes unde wirde.
sîn muot und al sîn girde
vor schanden lûter wâren.
er diente in sînen jâren
65. mit vlîze dem vil werden gote
und wolte gerne sîme gebote
wesen iemer undertân.
er was genant Eufêmîân
und wielt getriuwes muotes.
70. vil êren unde guotes
het er in sîner hôhen pflege.
weiz got, im dienten alle wege

---

49. loblich J. 51. bleip A O. Belaib den höbt sünden fri J. 52. wer nvn J. Ueberschrift von S: Diss ist die legend von sant allexius. 54. Das er sine lebtagen J. 57. ain edler hre sass J. (von Haupt nicht angemerkt). In S roter Initiale. sas S. 59. gancze erbarmhcykait J. gancze barmherczikeit S. 60. Ain w. J. Gros wund' hat gott an in geleit S. 61. von richtům und von wird S. 62. vnd sin begirde J S. 63. Aü sch. l. warend J. gar l. warent S. 64. im A O. dienot S. 65. fliss J. dem allmechtigē gott S. 66. sinen gebott J. vnd wz öch sinem gebott S. 67. Alle zit u. S. 68. gehaissen (Haupt fälschlich: gehaisen) eufannon J. genempt S. 69. was S. er Oberl. Gloss. 70. vnd vil g. S. 71—78. fehlen A O. 71 hatte S. 72. diente all weg- J. weiz got fehlt, im dienoten öch alle (nicht aller, wie Pfeiffer hat) weg S.

    driu tûsent vrouwen und ouch man
    die pfelle und sîden truogen an
75. bî den selben jâren
    und umbegürtet wâren
    mit rîchen borten guldîn.
    er muoste liep dem keiser sîn,
    wan er in sînem palas
80. der oberste und der beste was
    des er dâ bî der zîte wielt.
    sîn hûs er milteclîche hielt
    nâch der wâren schrifte sage.
    drî tische wurden alle tage
85. bereit den armen dinne.
    die wâren gôtes minne
    truoc sîn tugentrîcher lîp.
    ouch hæte er ein vil sælic wîp,
    diu was Agleis geheizen
90. und kunde in wol gereizen
    ûf milten unde ûf hôhen muot;
    si was liutsælic unde guot,
    bescheiden und verwizzen.
    ir tage si verslizzen

---

73. ouch fehlt S. 74. pfellor vnn side truoc er an der selbe getruve man A O. Die hattēt purpur vn̄ sidn̄ an J. Die semit vn̄ siden an trůgont S. 75. Trůgend bi den j. J. by den iarē S. 76. vmb gurt warend J. vm̄ gegürtet warē S. 77. Mit siden portn̄ g. J. 78. sîn fehlt J. mveste A O. 79. w. er sinen p. A O. 80. u. d. liebeste (libeste O) w. A O. obrost J. 81. Das er do bi den zitn̄ wilt J. do by den zitten S. 82. wirdenklichen S. 83. geschrift J. geschrifte sag S. 84. wirden A O. Die tisch wirdn̄ all tage J. Die dische warent alle tag S. 85. Berait den armē kinden J. dar inne S. 86. ware A O. Die da warēt gottes m̄m̄er J. 87. tuot A O. tugēthafft' J. minnenklicher S. 88. vil fehlt S. hette A O. hett J. hatt S. 89. agles J. 90. kunt A O. kund J. Die kond i. w. geheissē S. 91. vnd rainē J. Vff milte vnd uff barmherczikeit gůt S. 92. lutzelic A. lvitzelic O. vnd reines můt S. 93. gewissen S. 94. J. t. hett s. v. J.

95. het in ganzer reinekeit,
    wande ir herze was geleit
    an got vil harte sêre.
    in beiden guot und êre
    was gegeben und beschert.
100. iedoch het in vreude erwert,
    daz si wâren âne kint,
    diu rîcher liute wunne sint
    unde ir spil ûf erden hie.
    daz reine wîp enhœte nie
105. sun noch tohterlîn getragen.
    daz hôrte man si beide klagen
    dicke sunder allen spot.
    si gâben durch den werden got
    almuosen rîlich alle stunt,
110. dar umbe daz in würde kunt
    von sîme trôste ein kindelîn
    daz noch ein erbe solte sîn
    der hôhen gülte manicvalt
    der wunder was in ir gewalt.

115. Nu wolte si des got gewern
    des ir gemüete kunde gern
    gar inneclichen zaller zît.
    er liez ir edel herze sît

---

95. hetten A O. gar jn rainer stâtikait J. hatten S. 96. Wō J. Wann S. vnn A O. 97. ane gott uil hart vū sere S. 98. Ir baidn J. 99. gebn J. 100. hette A. dz fröd J. hatte inen dz frod S. 102. lūten S. 103. vff erde J (von Haupt nicht angemerkt). 104. Das wip enhette noch nie J. 106. hort J. Dz warent irer herczen grosse clagē S. 107. dv (dvi O) zwei sunder ane spot A O. Dikke s. alle sp. J. Dar dar hattē si grosse nott S. 108. sv A. richen A O. Vnd gabent grosse allmūsen durch gott S. 109. Billich almūsen a. s. J. Alle zit vnd alle stund S. 110. der umbe laze in werden k. A O. Darum S. 111. sinem J S (von Haupt nicht angemerkt). 114. Der wunsch wz in jr gezalt J. fehlt S. S schiebt 16 Verse ein, cfr. Anm. 115. got des g. J. 116. Das jr mūt J. In S neuer Absatz, Dz ir gemütte von fin was gere S. 117. innneclicher zuo A O. Als nnūklich ze J. Also wunneklich ze S.

ervröuwet werden unde ir leben.
120. in wart ein schœner sun gegeben
von gotes helfe sâ zehant;
der wart Âlexîus genant
und het vil schiere an sich genomen
den rîchen und den hôhen vromen
125. daz er begunde minnen
mit herzen und mit sinnen
den wâren got für alliu dinc.
er wart ein sælic jungelinc
an lîbe und an gebâre.
130. der edel und der klâre
zuo der schuole wart geleit
und hæte in sîner kintheit
enpfangen schiere die vernunst
daz er von gotelicher kunst
135. wart vil unmâzen wîse.
mit lobelichem prîse
gezieret stuont sîn reiniu jugent.
er wart ein spiegel rîcher tugent
und aller êren bluome.
140. wer möhte albie mit ruome
durchgründen ouch sîn hôhez leben?
im hæte got den wunsch gegeben
ûz erwelter dinge.
dem werden jungelinge

---

119. werden] wurd oder wmd J. (von Haupt nicht angemerkt).
120. gebn J. wann iū schier wart geben S. 121. vō siner helffe do zehand J. von sinem trost ein kindelin S. 122. fehlt S, S schiebt 27 Verse ein nach 121. 123. 124 umgestellt A O. 123. het er vil sch. A O. vnd hette an sich g. J. vnd hatt an sich g. S. 125. Dz er da begonde m. S. 128. wz S. 129. gebärde J. 129—152 fehlt S. 130. werde J 131. gelert J. 132. hette A O. hett J. 133. schiere fehlt, vernunft J. 134. gotlicher A O. götlich' kunst J (nicht wie Massmann hat, kunft). 136. lobelicheme A O. lobelichem brîse J. 138. Er wz ain spiegel all' t. J. 140. mit fehlt J. 141. ůch (= iuch) J (von Haupt nicht angemerkt). 142. wunsche gebn J. 143. ewelter A.

145. wart alliu schande wilde.
er hæte ein klârez bilde
und eine lûtere angesiht.
an im brast aller sælden niht
die man ûf erde haben sol.
150. sîn herze sam ein heizer kol
in der gotes minne bran.
daz schein im in der jugent an
vil ûzer mâze vrüeje.
man seit, swâ tugent blüeje,
155. daz dâ vil rîcher sælden vruht
beginne wahsen mit genuht.

Diz wart an im bewæret wol:
sîn herze was der tugende vol,
dâ von sîn lip gar sælic wart.
160. ein maget rîch von hôher art,
diu von keisers künne was,
wart im ze wibe, als ich ez las,
gegeben in der kintheit.
doch wizzent daz er si vermeit
165. und er si kiusche lie bestân.
si was nâch wunsche wol getân
und ûz der mâze schœne.
mit lobe ich iemer krœne
ir werdez leben und ir lip.
170. si wart im als ein êlich wîp
gemehelt in dem tempel sus
dâ sante Bonifâcîus,

---

145. Vor aller schanden wilde J. 147. ein luter A O. ain luter J.
148. brist J. 149. erde fehlt J. erden O. diatr. u. Gl. 152. im an der
j. J. 153. vss (nicht, wie Haupt hat, vff) der massen frûe J. usser massen
fruge S. vroege A. vrvege O. 154. wâ A O J S. 157. Diz] als O. 158.
ward der tugēd J. tugenden S O. 160. magt J S. 161. was fehlt S.
162. zewibe S. 165. kûnsch liess bestōn J. Vnd si da k. S. 166. vō
wūsche J. 167. vss der mässen J. ussermassen S. 168. ich si jemer k. J S.
170. selig S. 171. hus J S. gemächelt J. gegeben S. Haupt gemahelt
mit fälschlicher Auslassung der Variante.

der marterære genædec, ist.
vil werde priester, wizze crist,
175. ze samene gâben si des tages.
des wart an vröuden vil bejages
enpfangen in der veste wît,
wan dâ geschach ein hôchgezît
diu rîlich unde schœne was.
180. diu brût ûf einem palas
des nahtes eine dâ beleip,
dô man den tac vil gar vertreip
mit wunne und mit geræte.
Âlexîum den hæte
185. bevangen hôher tugende schîn.
Eufêmîân, der vater sîn,
hiez in minnenclichen gân
zuo der megde wol getân
ûf die kemenâten hin.
190. lieplichen sprach er wider in
'sun, vil herzeliebez trût,
ganc und schouwe dîne brût
in daz gaden wunnenclich.'
mit disen worten huop er sich
195. ûf den palas sâ zehant;
darinne er wol gezieret vant

---

172. do A O. 173. marterer gnedic A O. martrer gnädig J. martrer gnedig S. 174. werder J S. wise J S. (von Haupt nicht angemerkt). 175. zvo samene A. ze samēd J. ze samē S. 176. Dez ward da frōdn̄ vil beiaget J S. 177. vnpfange͞ S. 178. do A. hohzit J. hochzit S. 179. rich J. richlich S. S schiebt 6 Verse ein, cfr. Anm. 180. einen A. palast J. Die schóne brut uff einem schónen pallas S. 181. bleip A. eine fehlt J. einig S. 182. da A. 183. wnnen A. 184. Alexius der hatte J. Allexius hatt S. 185. hoh J (von Haupt nicht angemerkt), vm͞evange͞ hocher tugenden schin S. 186. Eufamion J. 187. hie oder lie S. 188. magte J (von Haupt nicht angemerkt). 189. In die kemnat͞e S. 190. lieplich J S. 191. herczlieber J. liebes herczê (= herzen) S. 192. ganc vnn schowe A. Gang vff schow din brut J. Gang vn̄ schöwe S. 193. gadem A. 195. palast do J. da S.

die werden keiserlichen vruht.
an ir lac schoene bî der zuht
und ûz erweltiu stæte;
200. si was mit rîcher wæte
bekleit nâch wunsche garwe.
ir minneclîchiu varwe
gap durchliuhteclichen schîn.
si was gar edel unde fîn
205. an lîbe und an gebâre.
diu sælige und diu klâre
geblüemet gar mit êren saz.
Âlexîus dô niht vergaz
der tugende der sîn herze wielt.
210. rein unde kiusche er sich behielt
vor allen houbetsünden;
wan in begunde enzünden
diu wâre gotes minne
diu lac in sîme sinne
215. brinnnende unde glüejende.
alsam ein rôse blüejende
vor im saz diu guote.
dô wart im des ze muote
daz er sich von ir lîbe schiet
220. und ir daz aller beste riet

---

197. werde keiserliche A. Die uil keyserlichē f. S. 198. schôni S. 199. uzzer welte A. vsser welte J. usserwelte stett S. 200. Vnd w. m. r. wate J. 201. b. n. w. wäte J. mit wunsche S. 202. vrwe J. Ir gar m. f. S. 203. durchlůchten (= durchliuchten) S. durchluchtigen J. 204. und gar S J. 205. gebârde J. 206. selic A. klâre] werde J. 207. wol J S. 208. da A. der nit J (nicht, wie Haupt hat, mit). 209. tugēd d. s. h̄cz wilt J. tugenden S. 210. er si behielt S. 211. alle höbt sůnden J. 212. wō J. wann S. 214. sinem J. Die lag īm in dem sinne S. 215. So brinnēt vn̄ so glügende J. Sere brünnent vnd blůyent S. brennende A. 216. Sam so ain r. J. Recht als die rosen tugent S. 218. da A. des fehlt J S. 219. libe fehlt S. 220. allerbeste A. vnd ira da dz aller beste ried S, S schiebt 129 Verse ein.

des er gevlîzen kunde sich.
mit süezen worten minnenclich
begunde er si daz lêren
und ûf den willen kêren
225. daz si bestüende kiusche;
er warf ir daz getiusche
der trügenlichen werlte vür
und seite ir daz man gar verlür
ze jungest an ir lône.
230. dar nâch sô gap er schône
ein vingerlîn der süezen dar
und ein gezierde liehtgevar,
daz si nâch dem lantsite
bedecken solte ir houbet mite
235. daz adellîche was gestalt.
'gemahel', sprach er, 'diz behalt
die wîle ez gotes wille sî.
der müeze uns beiden wonen bî
und zwischen uns belîben gar.'
240. hie mite schiet er sünden bar
von ir unde meines blôz.
durnehtic, michel unde grôz
wart sînes herzen riuwe.
der süeze und der getriuwe

---

221. konde S. 222. mmeklich J. 223. Begonde er si do l. S. 225. belibe S. 226. dz zů tûsch J. fûr das g. S. 227. trvgenlicher welte fvr A. Oberl Gl. trurigen welte fůr J. trugenlichen weltte für S. 228. daz fehlt, manger v. A. ira das man ze iungst verlür S. 229. an der welt lone S. 230. Dar nach do gab er jr sch. J. darnach A. sô fehlt, ira uil sch. S. 231. ein v. öch dar S. 232. Vnd ein stuchen liechtuar S. J hat nicht, wie Massmann liest, lichtgebar. 233. nach dē sitten J. 234. jr höbt täkte da mitte J. ir höbet solte S. 235. adelich A O J. adelichen S. 236. dz J. das S. 237. sig J. 238. beden A. můs J S. beiden fehlt J. 239. vnn bi vns bliben gar A. vnd kûnsche bi vûs belibn gar J. (nicht, wie Haupt hat, blîben) vū zwůschem vns beliben gar S. 240. svnder bar A J S. do schied S. 241. vnmeines blos A (das O schon verbessert). vnd main was lös J. von ir alles meines blos S. 242. dvrhnebtic A. Dvrnehtic O. durnåchtig J. durchnechtig S. 243. truwe A. wz im do S.

245. ein teil er sînes guotes nam.
mit dem dô kêrte er unde kam
tougenlîche sînen wec.
gar stæte wolte er unde quec
belîben an dem dienste gotes
250. und iemer gerne sîns gebotes
volgen ûf der erde.
der edel und der werde
saz ûf daz mer in einen kiel
und fuor als ez im wol geviel
255. und in dô sîn wille bat
vil schiere zeiner schœnen stat;
diu nennet man Laudâtîâ.
doch was er niht ze lange dâ,
wan er zehant von dannen schiet.
260. sîn edel herze im dô geriet
daz er kêrte zeiner stift,
diu wirt geheizen an der schrift
bescheidenlîchen Êdissâ.
diu selbe stat in Sŷrîâ
265. lît, daz sagent uns diu buoch.
dâ was gedrucket in ein tuoch
daz bilde Jêsû Kristes,
gar îtel arges listes

---

245. er] do J. er fehlt S. 246. da A. so J S. 247. tugēdlich J. dögenlichen S. tvgentlichen A. weg- (= wege) J. 248. gar stäter voller pfleg- (= pflege) J. kek S. 249. bliben A. belibn jn J. (nicht ir, wie bei Pfeiffer wahrscheinlich durch einen Druckfehler steht) dienst S. 250. sin J. gerne fehlt S. 251. erden S. 254. vnd für uff das mer als es im danne geuiel S. 255. und als in J S. im A. do fehlt S. 256. zuo einer A S. zuo ainer schön' statt J. 257. kam die hiez landantia A. nemet mā laudatia J. lauducia S. 258. doch beleib er nit l. d. S. 259. daña J. von dannen schiet er sich sa A. 260. nn̄e das riett S. fehlt A. 261. vnn kerte hin zuo A. zů einer gestift S. 262. Die ist gehaissen (geheissen S) in d' geschrifft J S. 263. Beschaidñlich J. bescheidenliche A. Bescheidenlichē (= bescheidenlichen) edissia S. 264. sirean J. Kyria S. 266. getruket J. gemalet an S. 267. ihesv cristes A. jesus xp͞us J. jh͞us xp͞us S. 268. stat itel A. karges J. gar vil a. S.

[Bei Haupt V. 269—293] und âne menschen werc gemaht.
270. ouch stuont ein münster wol geslaht
gezieret dâ vil sêre.
in sanct Marîen êre
gewîhet ez vil schône was.
in dirre veste, als ich ez las,
275. Alexîus sich nider lie
mit reinem willen unde gie
ze kirchen aller tegelich.
er quelte mit gebete sich
den âbent und den morgen.
280. in riuweclichen sorgen
wart daz herze sîn begraben.
ein swachez kleit vil gar beschaben
daz leite an sich der jungelinc.
daz edel und daz rîche dinc,
285. daz er von guote brâhte dar,
daz gap enwec der guote gar
den armen liuten unde enpfie
mit in daz almuosen hie
vil jæmerlichen alle stunt.
290. im wart vil manic breste kunt
an spîse und an gewande.
nu daz er von dem lande
was vil tougenlîche komen
und daz ze Rôme wart vernomen

---

269. ön J. mŏntschen hant S. 270. stont en mvuster geslaht A. minst' geschläht J. uil geschlacht S. 272. sancte A. sant J S. 273. gewicht J. Gewicht S. 274. ez fehlt J. In der statt S. 275. lies J. Al. s. da n. lies S. 276. willen er g. J. 277. kilchen alle täglich J. ze der kilchen also tögenlich S. 278. zögte J. übte S. 280. ruwelichen A. Ir rûweklichen orden J. In andacht vū mit sorgen S. 281. Dar in wz dz hercze hercze sin begraben S. 282 und 283 fehlen J. 282. vil fehlt S. 283. Dz nam an s. d. jŭnglinge S. 284. dinge S. 285. Was S. 286. gab er willeklichen (nicht, wie Haupt hat, willecliche) dar J. enweg der süsse dar S. 287. enpfing J. 289. vil gemainlich J. 290. jn, preste J. gebreste S. 292. Nvn J S. 293. tougenlich A. tögenlichê (= togenlichen) J. vil fehlt, tögenlichen S.

295. daz er sich hæte enwec gehaben,
dô wurden sîne vriunt begraben
in jâmer unde in maneger nôt.
si wâren alle an vröuden tôt
durch sîne leide hinvart.
300. der vater sîn von hôher art
hiez in dô suochen alzehant.
vil boten wart nâch im gesant,
der kam ein teil z Êdisse,
und sâhen in gewisse
305. dâ sitzen bî den armen.
si liezen sich erbarmen
den kumber sîn vil tiure.
des gâbens im ir stiure
und ir almuosen sâ zehant
310. wan er was in unbekant
an lîbe und an gebærde.
in hœte alsô beswærde
entschepfet und der breste sîn,
daz in niht mohte werden schîn
315. daz bilde sîn ze rehte.
doch wâren im die knehte
und die boten alle kunt,
wan er bekande bî der stunt
ir namen und ir leben wol.
320. für wâr ich iu daz sagen sol

---

295. enwege hat J. enweg hatte ge gehaben S. 296. da wirden s. vrvnt A. wurdent sin frdnd J. des wurdent sin fründe da S. 297. maniger A. menger J. mit manger S. 298. vroieden A. 299. Dur sin laidn hinfart J. siner leiden hinvart S. 301. dô fehlt, suochen all da zehant S. 302. wurdent uss gesant S. 303. ze disse A O. ze edissa J. kament, ze edissia S. 304. gewisse da S. 305. dâ fehlt S. 307. de A. kumer S. 308. gaben si A. Do gabencz in ze stüre J. gabent si im stüre S. 309. und fehlt, sâ fehlt J. da zehant S. 310. ine (= inen) unbekant S. 312. alsô fehlt, sin b. J. 313. Entschöpfft vn d' gebreste sin J. vnd der grosse gebreste sin S. 314. sin A. 315. daz fehlt, bilde kvnt z. r. A. 316. do, inne (= inen) S. 317. wol kund S. 318. b. si by der st. S. 320. vch A. iu fehlt S.

daz er gen himelrîche sach
und gar inneclichen sprach
'got herre in dîner magenkraft
almehtic unde wunderhaft,
325. genâde und lop sî dir gescit,
daz in der hôhen sælikeit
betaget hiute sî mîn leben
daz mîne knehte mir gegeben
hânt ir almuosen hie.
330. die mir dâ heime wâren ie
mit dienste willeclîche bî,
die sint nu rîcher dan ich sî.
des wil ich danken, herre, dir,
swes du begunnen hâst mit mir,
335. daz lâ mit sælden und mit fromen
an mir ouch ûf ein ende komen.'

Die rede treip Âlexîus.
die boten wider heim alsus
kêrten an den stunden.
340. daz si niht hæten funden
den ûzerwelten an der zît,
daz seiten si ze Rôme sît
den vriunden und dem vater sîn.
des wart ir herzeclicher pîn
345. von schulden bitter unde tief.
sîn muoter in ein gaden lief,

---

321. ze h. J. ze himelrich uff S. 322. fehlt A. 324. almehtig A J S. 325. gnâde A. gnad J S. 327. Betagt si hütt S. 328. gebn J. hant geben S. 329. hant fehlt S. 330. mit dienst warent by S. 331. fehlt S. willeklichen J. 332. dēn J. denne S. 333. herre danken S. 334. Wes du begīnet hest zū mir J. was S. 335. las S. 336. an fehlt, mir uff ein gůtt ende k. S. S schiebt nach 336 10 Verse ein. 337. Do die red getreib a. S. Roter Initiale u. Absatz in S. 338. hain J. 339. d' (= der) J. 340. hettint J. do S. 342. zuo A. 343. den v. A. 344. herzecliche A. Das was ir berczeliche pin J. des leid ir hercz vil grosse pin S. 346. gadem A O. kamer S.

in dem si nahtes allez lac.
si spreite nider einen sac,
dar ûf si klägelichen saz.
350. ir ougen wurden schiere naz
von sorgen und von leide.
ir blanken hende beide
begonde si dô winden.
si zarte von den linden
355. wangen daz vil rôte vel.
ein stimme gar unmâzen hel
mit jâmer ûz ir munde fuor.
bî gote si dô tiure swuor
daz si niemer kæme
360. von dan, ê si vernæme
diu rehten wâren mære,
wâ hin komen wære
Âlexîus, ir liebez kint.
diu sorge wart ân underbint
365. versigelt in ir muote
darumbe daz der guote
gescheiden was von in alsô.
diu reine, sîn gemahel, dô
sprach ir sweher zuo mit clage
370. 'nu wizzest, herre, daz ich trage
den stæten willen iemer
daz ich gescheide niemer

---

347. allez fehlt, inne l. S.   348. si gab ir hercze mangen schlag S.
349. clagenlichen A. wann si da uil clegliche sas S.   352. liechten S.
353. da A. Begunde, vinden J.   354. linde A.   356. uss mässe J. gar
fehlt, usser massen S.   357. usser irem S.   358. dô fehlt, vil tûre J S.
schûr J.   359. Das si da niemer dar us keme S.   360. von dan fehlt, e
dz si verneme S.   361. ware J.   362. wa der zart were S.   363. vil
liebes J.   364. wart fehlt, ir u. J. ane A Oberl. Gl. S. weret S.   365. irn
A Oberl. Gl. an jr J. irem S.   366. Dar vmb J. darum S.   367. jr J.
ira S. alsus J. Das wz jr grösser jam' sus Do dù raine sin gemachel do
Ir klag- sprach also schiebt J ein.   368. fehlt J.   369. sprach fehlt J.
370. wisseest A. wissist J. wûssêt S.   371. besten A.

von dem erwelten hove dîn,
ê daz ich von dem vriunde mîn
375. die rehten wârheit hie vernime.
ich arme trûren sol nâch ime,
sam sich diu turteltûbe quelt,
diu kein ander liep erwelt,
swenne ir trût gevangen wirt.
380. si mîdet iemer und verbirt
aller grüener böume zwî
und wont dem dürren aste bî
mit jâmer und mit sender klage.
reht alsô wil ich mîne tage
385. die schœnen wunne vliehen
und mich ze sorgen ziehen
die mîn gemüete derrent
und allen trôst versperrent
vor mînem armen herzen.
390. ich muoz vil strengen smerzen
lîden unz ich hœre jehen
waz mînem vriedel sî beschehen,
dem süezen und dem reinen.
ich wil in iemer weinen
395. die wîle unz ich daz leben habe,
ist er des lîbes komen abe.'

Sus wart Âlexîus geklaget
von der vil keiserlichen maget

---

378. huse J S. werdē S. 374. fridel S. 875. rechte worheit A. v'nim J. hie fehlt, vernim S. 876. wän ich tr. s. n. jm J. von dem liebē gemachel min S. 878. turtultube A. Oberl. diatr. 879. Wenn S. 880. mident J. 881. bovme A. Oberl. diatr. böme J. grünen böume zwy S. grvoner Oberl. diatr. 384. rehte alz A. 885. schoene A. frische J. frischen S. 886. Vnd zû den sorgn z. J. Vnd den sorgen zû z. S. 887. derent J. 888. v'sperent J. 389. Vō J. mime S. 390. muoz fehlt S. 891. uncz das ich hôrre j. S. 892. vrisel A. vriesel Ob. gl. wie, gescheche S. 394. Den wil ich S. 895. unz fehlt J. d. w. und ich S. 896. vil fehlt J S.

diu sîn gemahel worden was.
400. diu muoter sîn ze herzen las
und ouch sîn vater swœren sin.
ir hôher muot der was dâ hin
und ir vröuden rîcher hort.
ir lieber sun der leit ouch dort
405. in gotes dienste mange nôt.
almuosen unde betelbrôt
was sîn lîpnarunge.
sîn ûzerweltiu zunge
zaller zîte pflac gebetes;
410. beide wînes unde metes
wênic tranc sîn kiuscher munt.
er was biz ûf der sêle grunt
mit gotes dienste erfüllet gar.
bleich und jæmerlîche gevar
415. begunde in sorge machen.
vil vasten unde wachen
sach man den reinen gotes kneht.
in dûhte billich unde reht,
daz er sich quelte harte.
420. der süeze sich bewarte
vor allen sünden tegelich.
sîn sælic herze wolte sich
der himelischen gnâde wenen.
man hôrte in siufzen unde senen

---

400. vŏ h. J. 401. sins vatter swerer sin A. ouch fehlt S. 402. der fehlt J. 403. vroiden A. 404. Allexius leid ŏch d. S. 405. mēge J. manig S. 406. betteln brot A. bettebrott S. 407. sins libs J. sines libes S. 409. zit A. ze aller J. pflag ze allen zittē g. S. 410. wins A. baide tages vn̄ nachtes J. 411. wenino A. 412. biz fehlt A. der selbe stūd J. selen S. 413. gaist J. 415. Begond J. Begonde S. 416. Eht vasten J. Beide vasten S. 418. dükt J. dûch S. 419. hielte h. S. 421 bis 424 fehlen A. 421. vor fehlt J. 422. heiliges S. 423. viehen J. 424. femēn J.

425. nâch dem paradîse vrôn.
    ûf den vil hôhen gotes lôn
    stuont sô vaste sîn gerinc,
    daz sich der reine jungelinc
    quelte deste harter.
430. sus lebet er in der marter
    volleclîche zehen jâr
    biz got den liuten offenbâr
    wolte machen al die tugent
    die sîn lîp von kindes jugent
435. het ân underlâz getragen.
    ein bilde lie sich bî den tagen
    in dem münster schouwen,
    gewirket nâch der vrouwen,
    diu got, den werden Krist, gebar.
440. ez was nâch wunsche liehtgevar
    von golde und von gesteine.
    daz selbe bilde reine
    begunde an einem morgen fruo
    bescheidenlîche reden zuo
445. dem glockenære von der stift.
    uns seit von im diu wâre schrift,
    ez sprach alsus dâ wider in
    'ganc für das münster balde hin
    und heiz den menschen gân her în
450. der vor der angesihte dîn

---

425. aller sunnentage fron A. frone J. nach der himelschlichen crone S. 426. gotes fehlt, löne J. vnd nach des paradises lone S. 427. gerüg- J. geding S. 428. kusche S. 429. zwungte dester harte J. hielt dester harter S. 430. lebt J. lepte S. 431. vollenklichen J S. 433. alle A. alle tugend J. w. da m. alle d. t. S. 435. ane A. on J. 436. lies J. liess s. by denen tagē S. 438. noch A. 440. nâch fehlt A. liecht far J. ze wunsche wol gewar S. 441. von edlē gesteine S. 442. bild J. 443. begonde S. 444. Beschaidnlichen J. Bescheidenlichen S. 445. glockener A. glognare zů d. st. J. gloggner S. 446. vnn A. Als vns sait die geschrifft J. vns seitt die ware geschrift S. 447. dâ fehlt J S (J von Haupt nicht angegeben). 448. gant, balde fehlt A. bald S. 449. möntschen gan har in S. 450. angesiht S.

Das Leben des heiligen Alexius.

dâ sitzet, vriunt, an sîme gebete.
sprich daz er in die kirchen trete;
in welle got erhœren
dort in den himelkœren
455. des rehten und des guoten ouch.
sîn bete sam ein wîrouch
ûf dringet vür sîn ougen;
diu rede ist âne lougen
daz er binamen heilec ist.
460. in wil der ûzerwelte Krist
erhœhen ûf der erden.
sîn reiniu tugent werden
den liuten offenbœre sol.
er hât verdienet harte wol
465. daz an in werde alhie geleit
grôze und ganze heilikeit.

Der dinge michel wunder
den glockener besunder
in herzen und in muote nam,
470. daz er daz bilde lobesam
sprechen hôrte wider in.
für daz münster kam er hin
gegangen und dar ûz getreten.
er suochte alsam er was gebeten
475. Âlexîum den klâren,
des er begunde vâren

---

451. vriunt fehlt, sin J. sitzet dar vor an sinem gebett S. 452. kilche A. kilchū J. kilchen S. 454. dem A. der J. 455. ouch fehlt J. 456. gebett J. als ein wiroch S. 457. Vff tringt für die ogn̄ gocz J. für gottes ogen S. 458. lōgen J. lōgnen S. J schiebt ein: das solt du mir gelöben. 459. heilic A. hailig J. heilig S. 460. ûz fehlt J. (von Haupt nicht angemerkt). 461. Erhören J. erhörren S. 463. offenbarē J. S. 464. verdienot S. 465. hie fehlt J. alhie fehlt S. 466. Er und gancze wirdikait J. ere und gancze selikeit, dañ er der tugent crone treitt schiebt S ein. 467. ding- nam m. w. J. dingen S. 468. Den glögner A. Den glögner J. grüner Initiale in S. den gloggner S. 469. vnd jn wūder kam J. och nam S. 471. hort sprechn̄ J. 473. dar vff J. 474. alz A. Er sûchet als er ward g. J. als S. 476. begonde S.

mit willeclichen ougen.
dô was er âne lougen
sô vremede sîner angesiht,
480. daz er sîn dannoch rehte niht
erkande sicherlichen hie.
dâ von sô kêrte er unde gie
für daz bilde drâte wider.
ûf diu knie viel er dâ nider
485. dêmüeteclichen unde bat
got den süezen an der stat,
daz er im lieze werden schîn
wâ dirre mensche möhte sîn
der alsô heilic wære.
490. daz bilde wunnebære
sprach aber dô vil schiere zim
'trit ûz der kirchen unde nim
sîn war nu wider unde vür.
der aller næhest bî der tür
495. sitzet, nu sich, daz ist der.
ganc und heiz in komen her!'

Sus gie der glockener zehant
hin ûz dem münster unde vant
Âlexium dâ rehte.
500. dem reinen gotes knehte

---

477. willenklichen S. 478. er fehlt J. lögnen S. 479. froemede A. frômde J S. 480. deñocht recht nit J. (von Haupt nicht angemerkt). das er sin noch ze rechte nicht S. 482. jn das münster er do gie J. 483. tratt er J. 484. vff sin knie er viel d. n. J. sine knûw S. 485. temveteclîche A. jṅeklichen er do b. J. jemerlichen S. 487. werden liesse S. 488. mēsch J. d' mȯntsch S. 490. dz es im seitte die mere S. 491. vil schiere fehlt, zů im J. dz bild sprach aber zů im S. 492. kilchn̄ J. kilchen S. 493. nu fehlt J S. 494. nähste J. nȯchste S. 495. s. da sich dz ist er J. da sich S. 496. sant A. gang- J. gange S. h'r J. 497. Vss gieng- der glogner zeband J. gieng der gloggner zehand S. 498. hin fehlt J. 500. den rainê (= rainem) J. den reinê S.

viel er ze füezen an der stat.
gar innenclichen er in bat
in des gotes tempel gân.
ouch wart den liuten kunt getân
505. von dem glockenære sît
diz wunder daz im an der zît
von dem bilde für was komen.
er seit in swaz er dô vernomen
hæte von Âlexîô.
510. des buten im die liute dô
vil hôhen prîs und êre.
sîn wirde wuohs sô sêre
beidiu stille und überlût,
daz der vil reine gotes trût
515. niht langer mohte erlîden.
er wolte gerne mîden
êre und werltlichen ruom.
daz münster und den gotes tuom
liez er unde kêrte dan.
520. den muot enpfienc er und gewan
daz er wolt in Cilicjen lant
kêren zeiner stat zehant;
diu was geheizen Tharsîâ.
bî sante Paulus münster dâ
525. wolt er belîben iemer mê,
durch daz er würde niht als ê

---

501. zuo fuoz A. ze fůsse S. 502. gar innenklichē an d' statt vn̄ batt S. 503. Da jn J. jn̄ das er in dz gottes mūnster gienge S. 505. mesner J. gloggner S. 506. Das wůder dz J. das wunder das S. 507. im̄ wz für k. S. 508. da A. Er sait wz er hett v'nomē J. er seitte im da wz er uernomen S. 509. hette A J S. 510. buttēt J. buttē S. 511. hoher J. von hochen bild S. 512. waz A. Sin wil der wůsch vil sere J. da sere S. 514. vil fehlt S. 515. moehte A. Nit lenger mochte liden J. nit lenger mocht erliden S. 517. weltlichen A J S. rům̄e J. 518. den fehlt, tůme J. 520. enpfien A. vnd kam S. 521. wolte in celioie daz lant A. cecilien land J S. 522. zuo einer A S. zuo ainer J. 523. carsia J. 524. sant pauly J. 526. wrde A. nit wurd S. al ze Ob. Gl.

vermeldet noch erkennet.
sîn herze was enbrennet,
daz in der gotes minne wiel.
530. nu daz er kam in einen kiel
und ûf daz mer geschiffet was,
dô kam ein wint, als ich ez las,
der grœste der ie wart erkant,
und warf den selben kiel zehant
535. ze Rôme in die vil guoten habe.
des kam sîn herze vröuden abe;
wan er darumbe trûric wart
daz gerâten was sîn vart
vil anders danne er wolte
540. und daz er niht ensolte
komen hin ze Tharsîâ.
nu der vil guote spürte dâ
unde des begunde warn,
daz er ze Rôme was gevarn,
545. dô dâhte er wider sich zehant
'sît mich hât alsus gesant
her wider heim der winde sûs,
sô kêre ich in mîns vater hûs
billicher danne anderswar,
550. wan ich ein swæriu bürde gar
dekeinem man ûf erden
wil hinnan fürder werden,

---

527. vnd J S. 528. fehlt J. uerbrennet S. 529. dz es S. viel J. (Bei Haupt fälschlich Da für J statt dz angegeben.) 530. ein A. nun sass er uff dz mer in einen kiel S. 531. Der vff, gestifftet J. vnd do er uff S. 532. da A J S. 533. bekant J S. 535. guote A. vil fehlt S. hab J. 536. herzen A. ab J hercz S. 537. gar trurig S. 538. sine S. 539. deñ J S. wolt S. 540. ensolt S. 541. Carsia J. (bei Haupt als Tarsia gelesen). 542. vnd der, da fehlt S. 543. vun begvnde nemen war A. Vnd man (sic!) nā dez rechtn̄ war J fehlt S. 544. zuo A. gen J S. geuarē S. 545. gedacht S. 546. Sit dz J. Sider das mich alsus hatt g. S. 547. der wind alsus S. wilde A O. 548. ich fehlt J. vatters J. mines S. 549. nvn deñ J. dañ S. 550. gar fehlt A. wanne ich ein schwerre b. g. S. 551. dekeinen A. Dekainen J. 552. werder A. hinan J. hinnē für nun w. S.

wan im und dem gesinde sîn.
daz leben und die tage mîn
555. sol ich verswenden hie vil gar.
nieman der dinge wirt gewar
daz alhie mîne vriunde sint
und ich Eufêmîânes kint,
des hôchgebornen mannes, bin.
560. dâ von wil ich nu suochen in
mit willecliches herzen gir
und wil in biten daz er mir
sîn brôt unz an mîn ende gebe.
die wîle daz ich nu gelebe
565. sô bin ich unvermeldet hie.'
mit disen worten er dô gie
ûz dem schiffe zuo der stat.
dar în sô kêrte er unde trat
als ein vil armer bilgerîn.
570. Eufêmîân, der vater sîn,
begegent im reht ûf der vart.
ein tiurez kleit von rîcher art
het er des mâles angenomen
und was von dem keiser komen
575. ab sînem wunnenclichen sal.
im gie von liuten âne zal

---

553. wan minem vater A. Bi im J. 554. die fehlt J. 555. hie vil gar fehlt A. wesen hie vil gar J. 556. und hie vollenden A. dz niemā der dingē werde gewar S. 557. Daz alle mine vroide sint A. Dz alle min frūnd hie sind J S, letzteres aber sinṭ. 558. ich fehlt A. eufamies kind J. vnd ich bin allexius kind S. 559. hohgebornes A. hohgeborn J. Enfemianus des hocherbornen m. b. S. 560. Darvmb J. da vō so S. 561. willeklichen J. willenklichem S. 563. end geb J. 564. wil, leb J S. 565. vnvermáret J. 567. vō dē stifte J. von dem schiff S. 568. so fehlt J. 569. bilgrin J. 570. daz vater A. Eufamion J. Enfemianus S. 571. Begegnot, reht fehlt J S. 572. höh' J. richer hab S. mit willenklichē herczē gir schiebt S nach 572 ein. 573. an sich g. S. 575. abe, sinen A. 576. gieng v. l. one J. gieng S.

ein michel massenîe nâch.
Âlexîô wart zuo zim gâch,
dô sîn ouge in hæte ersehen.
580. als uns diu wârheit hât verjehen,
daz sprach er wider in alsô
vil harte erbermeclichen dô.

'Vil ûz erwelter gotes kneht,
tuo dîner hôhen tugende reht
585. an mir genædeclichen schîn
und hilf mir armem bilgerîn
daz ich bî dir belîbe
und mîniu jâr vertrîbe
in dîme hûse reine.
590. lâ mir die brosmen kleine
die von dîme tische komen
ze mîner nôtdurfte vromen
und heiz si mir ze spîse geben,
durch daz gesegenet sî dîn leben
595. von gote und er geruoche sich
erbarmen aller tegelich
über den durch sîne tugent
der von dir fuor in sîner jugent

---

577. massenye A. mäsae J. menge S. 578. zuo im A J. zů im uil g. S. 579. Do jn sin öge hett gesehen J. do sine ögen hattē iñ ersechē S. 580. vericchen J. ueriechen S. 580—582. fehlen A. 581. do J. 582. erbärmdherczeklichen J. erbermklichen S. 584. hoher A. dinē hohñ tugēden J. dine hochē tugendē S. 585. vil gnedecliche A. genedenklichen S. 586. armen A. armē J. fehlt S. 587. blibe A. 588. uncz ich min jar vertribe J. mine tag S. 589. dinem J S. 590. din brösmā J. las S. 591. dinem J S. komend J. die fehlt S. 592. nötdurft fröme J. notdurfte vñ fromē S. 593. vnd mir si ze spise g. J. si fehlt S. 594. sî] sin A. durch fehlt, Das gesegnot sig d. l. J. durch das gesegnot sige d. l. S. 595. von fehlt A. geruochte J. got A. gotte J. gott S. 596. alle täglich J. 597. dur sin tugend J. 598. der fůr von dch in siner jugend S.

und muoz in dem ellende sin
600. als ein armer bilgerîn.'

Eufêmiân der klâre
von disen worten zwâre
wart ûf sînen sun gemant
sô vaste daz im alzehant
605. sîn ougen überliefen
und er vil manegen tiefen
siufzen ûz dem herzen liez.
Âlexîum er komen hiez
zuo im unde sprach alsô
610. zuo sîm ingesinde dô.

'Swer disen menschen alle wege
belîben lât in sîner pflege
und im gestât mit dienste bî,
den lâze ich hiute und iemer fri.
615. darzuo wil ich in teilhaft
machen mîner erbeschaft
und al des guotes sô ich hân.
sus hiez er einen zuo zim gân,
dem er bevalch den bilgerîn.
620. er sprach 'du nim ze rehte sîn
mit guoter handelunge war.
ein bette mache im etewar

---

599. muoz fehlt A. muoz in fehlt J. vnd in dem ellend můs sin S. 600. lebet alz ein armer bilgerin A. můste als ain bilgrin am Anfang der Zeile ein durchstrichenes al) J. 601. Eufamion J. Roter Initiale in S. 602. wart von d. w. z. S. 603. ward nō sīnē sun ermant J. wart fehlt, an S. 604. all ze hand J. 605. über lůffend J. 606. von ouch vil mangen t. A. mēgen J. Vnd er da ŏch mangen t. S. 607. sůnfzen von sinem reinē herczen lie S. 608. zů im̄ komē S. 609. zuo im fehlt, vnd sprach zů im also S. 610. sinē J. vnd zů sinē gesinde do S. sime A. 611. alleweg A. wer d. m. allwegen J. wer d. mōntschen allweg S. 612. bliben A. pflegen J. pfleg S. 613. dinste J. by S. 614. läs — frig J. las — yemer frÿ S. 615. teilhaff A. 616. erbeschaf A. ebschafft J. erbschaft S. 617. alles, sô fehlt A. alles, so ich kan J. alles S. 618. zů jm J S. 619. fehlt J. 620. min A. zerecht J. dů im S. 621. handelug J. vnd min sin m. g. h. w. S. 622. mach A. im fehlt, mach etewar J.

daz in dem hûse schône stê
swenne ich ûz und in dâ gê
625. für in, daz ich in schouwen müge.
kius einen winkel der im tüge
ze ruowe, daz er drinne lige,
daz im kein trûren angesige
und im nieman niht leides tuo.
630. daz soltû spâte unde vruo
betrahten und besorgen.
den âbent und den morgen
pflic sîn vil harte schône.
des wil ich dir mit lône
635. danken al die wîle ich lebe.
sîn kunft ist mir ein hôhiu gebe,
wan er mich mit den worten sîn
hât ermant des kindes mîn
daz ich in zehen jâren hie
640. gesach mit ougen leider nie.'

Mit disen worten und alsus
gefüeret wart Âlexîus
ze sînes vater hûse dan.
der heileg und der guote man
645. dâ inne er sich nider liez.
in einem winkel man im hiez

---

623. in mīnē hus da sch. st. J. in minem huse da es sch. st. S.
624. swen A. weñ ich jas vn̄ nider ge J. weñ ich us oder in ge S. 625.
mug‾ J. 626. ein A. der im genug J. kůs im̄ ein S. 627. zuo A. dar
inne J. růwent das er dar inne l. S. 628. ane g. S. 629. Vnd jme
jemā ůt laide tů J. nit leides tůge S. 630. solt du spat J. solt du spatt
vn̄ frůye S. 631. Behaltn̄ J. bewachtē S. 633. pflig sin gar sch. A. du
pflig sin harte sch. S. 634. das ich dir yemer l. S. 635. wil A. alle die
wil J. vnd danken alle die wil ich leb S. 636. en hohe A. kůst, ain
höh gäbe J. sin kunst ist mir ein hoche geb S. 637. wō, mich fehlt J.
wann, mich fehlt S. 638. Mich hät ermanet J. mich hatt ermanet des
sunes min S. 639. jare J. den S. 640. mit minen ougen, leider fehlt J.
leider fehlt S. 641. S grüner Initiale. 642. gefürt ward J. 643. jn
sines vatters J. zů, vatters S. 644. heilig- J. heilic A. der werde mā S.
645. do nider S. 646. einen — in A. jn̄ J.

ein bette schiere machen.
aldâ begunde er wachen
in gotes dienste manege naht.
650. sîn heilic lîp ranc unde vaht
mit marterlichen dingen ie.
ze mettîn und ze messe gie
der sœlig aller tegelich.
sîn tugentrîchez herze sich
655. dar ûf mit hôhem vlîze wac
daz er enkeine zît verlac
die man sol singen oder lesen.
er wolte an sîme gebete wesen
alliu mâl und alle vrist.
660. der edel und der werde Krist
was im in die sinne brâht
mit alsô reiner andâht
daz er sîn niht enkunde
vergezzen mit dem munde
665. noch in des herzen muote.
der biderbe und der guote
mit grôzer kestigunge twanc
den lîp, wan er az unde tranc
vil wênic und vil kleine.
670. niht anders wan gebeine

---

647. schöne J. ein bett schon da m. S. 648. Alle da begun̄en erwachen J. begont er S. 649. gotte d. mange A. dinste menīg J. dienst manig S. 650. hailig- lib rang J. heilig lip rang und facht S. 651. martellichen A. naturlichen (also nicht natiurlichen), ie fehlt J. ÿe S. 652. zuo A. mette J. metti vnd ze messe er gie S. 653. teglich A. sälig- alle täglich J. 653 fehlt S. 654. sich fehlt J. 655. sich uff hoche tugent wag S. 656. enkain J. kein S. 657. Das J. so (oder do?) mā solt S. 658. sinc̄ J. sinem S. 659. allu m. u. allv v. A. 660. crist A S J. werdest J. 662. alse A. rainō J. 663. nit J S. 664. den A. 666. biderb J. der edel und d. g. S. 667. kestūnge zwang J. kestung zwang S. 669. weninc A. vil klaine und vil klaine J. 670. den̄ J.

was in im und diu hût dar obe.
sîn vater hiez sîn wol ze lobe
von sîme hôhen tische pflegen.
ab dem der werde gotes degen
675. wart alsus gefuoret hie.
doch wizzent daz er wolte nie
darumbe gezzen deste mêr
daz man im edel spîse hêr
von sînes vater tische bôt.
680. sîn ougen wurden dicke rôt
durch manegen trahen bitterlich.
er senete nâch dem lône sich
der ie dem rehten was bereit.
vil maneger hande smâcheit
685. im sînes vater knehte buten.
die köche die daz fleisch dâ suten
swaz die von wazzer und von labe
gespuolten maneger schüzzel abe,
daz wart ûf in gegozzen.
690. daz leit er unverdrozzen
gedulteclichen alle zît.
diu kint begiengen wider strît

---

671. in fehlt, drobe A. wō jm in der hut tube J. an im̄ S. 672. im wol J. lob S. 673. sinê J. sinê, hôhen fehlt S. 674. hin ab dē werden gottes tegen J. 674. abe dem so wart der gotes segen A. ab dem wart der gottes tegē S. 675. alsus gefveret hie A. alsus gefūre hie J. alsus gefūret hie S. 676. Doch wisset er wolt wie J. 677. Da vmb gesessen deater me J. darūm gessen deater mere S. 678. edle J. here S. 679. vatters J S. dische S. 680. wirden A. öge wurdent J. wurdent von blütte rott S. 681. trehen A. 682. sente J. sante da S. 683. die ie dē J. dem] den S. 684. manger A S. menger hand J. 685. vatters knechte buttēt J. vatters knecht erbattē S. koeche A. 686. koch, dâ fehlt, suttent J. koche, dâ fehlt, suttent S. buoben A. 687. Was die v. w. alder vō lob J. vnd wz die v. S. 688. manger A. Oberl. Gl. gespvelten A. gespuilten O. gespūltend mēge schüssel ob J. gespuolten fehlt, von manger s. a. S. 689. spūltē das wart uff inn g. S. 690. Dis laid J. er alles u. S. 691. gedultenklich ze aller zit S. 692. begingēt J. begiengent S.

an im dô grôzen ungelimpf.
er was ir gamel und ir schimpf
695. alle zît und allen tac.
er wart vil dicke ûf sînen nac
geslagen sunder lougen.
man spîte im under ougen
und tete im allez ungemach.
700. man schalt den guoten unde sprach
im dicke smæhelîche zuo.
diz leit er spâte unde vruo
mit willeclichem muote.
sîn vater der vil guote
705. erkande niht die smâcheit
die der gotes kempfe leit.
er wânde daz man pflæge sîn
vil schône und er dekeinen pîn
von sînem ingesinde lite.
710. der heilig und der wol gesite
in sînes vater hûs für wâr
fuorte stille und offenbâr
vil strengez leben bitter
sô daz den gotes ritter
715. nieman darinne erkande.
sîn herze maneger hande

---

693. vngelmpf S. im] in Ob. Gl. 694. fehlt S. 695. alle tage A. Ob. Gl. Alle frist vn alle tag J S. 696. ûf sinen nac fehlt, geslagen A. Ob. Gl. sin nak J. es S. 697. geslagen fehlt, vf sin nac A. ane lognē S. 698. sv spuwen im in die ovgen A. spigt J. man spuwt im vnder die ögē S. 699. man tet A. 700. dē süssū J. den süssē S. 701. småhlichen J. im dik uil schamlich zů S. 703. willeclichen A. 704. siu vatter vnd sin mütter S. 705. d' smachait J. erkanten nie die schmacheit S. 707. wond J. want S. 708. die keinen A. er fehlt, dekain J. dekeine S. 709. gesinde lytte S. 711. verwar A. huse S. 712. stil J. fûrte er still S. 713. strenge A. vil stilles strenges l. b. S. 714. dem A. 716. maniger A. hercz mēger J. hercz mang' S.

jæmerlîche nôt enpfienc,
daz sîn gemahel vor im gienc
und er ze der ein wort niht sprach.
720. nu sprechent ob daz ungemach
niht wær ein vil strengez leit.
mich wundert daz er ie vermeit
sô lange die vil wunnesamen
und er niht seite sînen namen
725. dem vater noch der muoter sîn,
diu beidiu marterlichen pîn
mit klage umb in erscheinden
und alsô dicke weinden
durch daz er von in was gevarn.
730. daz er in wolte niht enbarn
sîn herze und ouch sîn bilde,
daz was ein wunder wilde
und ein erbarmekeit vil starc.
vor sînen vriunden er sich barc
735. biz im von gote wart gegeben
daz er niht langer solte leben.

Und dô der guote sich versach
daz im ze sterbenne geschach,
dô sprach er zuo dem knehte
740. der alle stunt ze rehte

---

717. jemerlichn not empfie S. 718. Daz jm J. daz fehlt, gie S. 719. zuo A. nie ain Wort gesprach J. 719—721. fehlen S. 720. obe A. 721. vil fehlt J. were A. 722. wüdret dz er nie vermaid J. wunderet S. 723. wnnesam A. wunne santē S. 724. er fehlt J. und fehlt, das er ir S. er] ir A. 725. noch den vater vnn A. d. v. vnd d. m. s. J. 726. die beide S. dv beidv A. die baide J. marterliche J S. 727. erschaintū J. erscheintē S. vmbe A. 728. wainten J. erweintē S. 729. inen S. (J nicht wie Haupt.) 730. Dz er wolte nit ensparn J. nit wolte in S. 732. wnder A. das wz uū e- gar wilde S. 733. vū erbarmherczikait J. erbermkeit S. 734. sŭnden J. fründen uil stark S. 735. was J. 736. nit lenger J S. 737. da A. 738. sterbene A. ze sterben da S. 740. alle zit S.

solte dâ sîn pfleger sîn
'junkherre, zuo dem dienste mîn
dich neige unde ein lützel biuc
sô daz du mir ein schrîpgeziuo
745. erwerbest der ze brieven tüge.
hilf mir daz ich geschrîben müge
ein wênic mîner sache,
daz dich got sælic mache
an lîbe und an der sêle gar'.
750. hie mite wart im schiere dar
gewunnen swaz er solte haben.
mit endelichen buochstaben
schreip er alliu sîniu dinc,
wie der vil kiusche jungelinc
755. durch got von sîner brûte lief.
dâ bî sô schreip er an den brief
daz er als ein bilgerîn
vil strengen unde swæren pîn
truoc in dem ellende.
760. ouch schreip er vil behende
daz in der tobenden winde sûs
ze Rôme in sînes vater hûs
gar über sînen willen treip.
dar nâch dô satzt er unde schreip
765. daz er sibenzehen jâr
beidiu stille und offenbâr

---

742. dinste sin J. lieber knecht nū tū so wol das ich dir yemer danken sol S. 743. bvg A. dich naig- uñ ain lūczel bog J. zů minem dienst du dich būge S. 744. daz sch. A. vnd but mir einē schribgezůge S. 745. zuo A. ze brieffe J. erwerbest fehlt, der mir zů briefen t. S. 747. weninc A. 748. Das ich J. 749. vñ ouch an sele J. 751. gewnnen A. wz J S. 752. buostaben A. endlichen J. 753. do alle ding S. 754. vil fehlt S. 755. lies J. 756. dar by S. 757. bie A. bilgrin J. 758. vil schwērer vñ vil streng' pin J. vil strenge vnd vil schwere pin S. 760. der A. er da uil b. S. 761. tögēde J. der tobende wind alsus S. 762. mînes A. sins vatters J. sines vatters S. 763. gar fehlt S. 764. dan nach da sas A. denōcht so macht er J. dar nach malet er S.

wær unbekennet dâ beliben
und daz diu hovediet getriben
mit im hæte ir ungelimpf.
770. der spot, diu smâcheit und der schimpf
diu im geboten was aldâ
daz wart bescheidenlîche alsâ
gesetzet an den brief binamen.
swaz ie geschach dem lobesamen,
775. daz leite er unde schreip dar an.
alsus gewarp der hôhe man
und der vil reine gotes kneht,
dô der grimme tôt sîn reht
an im erzeigen wolte
780. und er verscheiden solte.

Nu diz nâch lobelicher art
geschriben allez schône wart
von sîner hant der reinen,
dô wolte got erscheinen
785. den liuten allen sînen tôt
und die vil marterlichen nôt
die der getriuwe truoc mit klage.
an dem vil hêren balmetage,
dô man gesanc die messe vrôn,
790. dô wart ein wünnenclicher dôn

767. wer vnbekant da bliben A. was vnbekeñet da blibū J. were vuerkannt S. 768. die A. Oberl. Gl. die hoffediet v'tribū J. da getreib S. 769. hetten irn vngelipf A. hettint jn vngelimpf J. hetten irn Oberl. Gl. (Haupt fälschlich irn] im), sòlichen grossen vngelimpf S. 770. den spott, den schimpf A J S. 771. der i. g. wart a. S. 772. bescheidenlich A. wart fehlt, beschaidfilichū da J. der wart bescheidenlichen da S. 773. den fehlt J. benamē S. 774. lobesam A. wz ie beschach J. 774. fehlt S. 775. schreip es an A. 776. Also warb der hoffamā J. alsus wart der hoche man S. 778. grime tod J. fehlt S. 779. zaigen J. erzōgen S. 780. wolte S. 781. Do J. vnd S. loblicher J S. 782. schon S. 783. des reinen A. der raine J. 784. gor J. 786. fehlt A. nôt fehlt J. vil fehlt S. 787. klag- J. clag S. 788. hrem balmtag J. balm tag S. 789. sang J. 790. wnnenclicher A. wunēklicher dön J. wunnenklicher ton S.

ze Rôme erhœret und vernomen.
ein stimme was von himel komen
hôh in dem münster obene;
diu rief dâ wol ze lobene
795. 'wol her zuo mir alle die
der lîp ûf ertrîche hie
mit jâmer und mit sender klage
durch mînen willen kumber trage!
ich wil iuch widerbringen
800. mit wunnebernden dingeu.'

Von dirre stimme schalle
die liute erschrâken alle
die zuo dem münster wâren komen.
wan dô si wart von in vernomen,
805. dô verzageten in diu lider.
si vielen ûf ir knie darnider
und sprâchen kyrjelêŷson.
vil strenger vorhte si gewon
wâren bî der selben vrist.
810. si bâten alle Jêsum Krist
daz er geruochte erbarmen
sich über si vil armen
unt daz er müeste wenden
mit helferîchen henden

---

791. v'hóret J. 792. stim̄ S. 793. obenan A. hohe jn dz minster ebēne J. obnē S. 794. lobenne A. zelbene J. die reise do uil wol ze lobe S. 795. wol her alle zů mir die J. 796. der lieb uff ertrichen S. 797. sender J. hat erlittē mit jamer vn̄ mit selder clag S. 798. der min willē J. trag S. 799. wil in̄ S. 800. wnnebernden A. wůnebärde J. wund-berendē sinnen S. 801. A macht hier keinen Absatz. stim̄e sage J. von der st. S. 802. erschraknt J. erschrakē die lütte alle S. 803. komen fehlt A. 804. von leide vnn ungebaren A. 805. inē die gelider S. 806. dar fehlt A Oberl. Gl. J. si uielent alent dar nider S. 808. worte si gewan J. si do gewunnen S. 809. fehlt J. 810. ihesvm crist A. jesū crist J. jhūs x̄p̄c S. 811. gervochete A. gerāch J. gerūchte sich ze erbarmen S. 812. sich fehlt J S. 813. muoste A J. weden J. vnd er in̄ wōlte w. S. 814. helfſ richen J. helffenberenden S.

815. ir schaden und ir ungemach.
diu stimme zuo in aber sprach
in einem lûten schalle
'gânt und suochent alle
den menschen hie bî dirre vrist
820. der gotes kneht von himel ist
mit senften und mit reinen siten.
für alle die von Rôme biten
sol sîn heiliclicher munt.
ich wil iu tuon sîn ende kunt
825. vil gar mit offenlicher sage.
er sol verscheiden ame tage
an dem durch alle menscheit
got die marterunge leit.'

Des mæres wurdens alle vrô.
830. si giengen ûz dem münster dô
mit enander in die stat.
des si die gotes stimme bat,
daz tâten si gemeine.
den gotes kempfen reine
835. den suochtens an den stunden,
den si dâ niender funden
in der schœnen veste wît.
zuo dem münster aber sît

---

816. aber zů jn J. aber zů inen S. 817. in einer luterre A. in einē richē sch. S. 818. gent A. günd ves J. 819. in dirre J. hie fehlt S. 822. rom S. 823. hailig- mūd J. heiliger mund S. 824. voh tuon senden kvnt A. uch, sîn ende fehlt J. uch S. 825. mit offenbar sache J. 826. an dem tage A S. an dē tagē J. 827. durh A. dur alle die meschait J. móntscheit S. 828. In A kein grosser Buchstabe. die marter J. die marter durch úns leid S. 829. der märe J. der mere wurdent si alle fro S. 831. mit ein andren S. 832. Des do gottes mme batt J. als si (nicht, wie Pfeiffer hat diu stimme gotes) S. 833. tätens si J. datten si da S. 835. den fehlt J S. sůchtē si da an der stunde S. 836. nienan J. niena S. 837. schonen A. vesti S.

giengen si mit hôher klage.
840. reht an dem stillen vrîtage
kâmen si dar în gezoget.
des wart der hôhe himelvoget
vil tiure dô von in gemant.
si vielen ûf ir knie zehant
845. und bâten algemeine
den werden got vil reine
daz er in lieze bî der stunt
werden offenlichen kunt
wâ man den menschen solte
850. suochen den er wolte
verscheiden lân des morgens vruo.
dô sprach diu stimme in aber zuo
in eime süezen dône lût
'den menschen heilic unde trût,
855. des got dâ wil geruochen,
den sult ir alle suochen
in Eufêmîânes hûs.
sunder vorhte und âne grûs
kêrent dar bî dirre stunt,
860. sô wirt er iu vil schiere kunt.'

Alsus begonden si dô gân
für den helt Eufêmîân;

---

889. giengēt si mit grösser klag- J. hocher clag S. 840. stille A. fritag J S. 841. komē dar jn gezogen J. kament si dar in gebogt S. 842. da w. d. hoh himmel v. A. hoh himmel v. Ob. Gl., himelvogt S. himel e o gt J (= himelvogt. Haupt giebt himelbogen an). 843. da von im A. dô fehlt (bei Haupt nicht angemerkt), genant J. vil tûre von iu do ermant S. 844. knúw S. 845. alle gemeine S. 847. inen S. 848. offelichen A. 849. wo A. man fehlt J. 850. Sölte (Haupt unrichtig Bölte) sûchen der er wolte J. lon J (von Massmann falsch gelesen) lon A. 852. in die stime aber A. in fehlt J. 853. ainem J. einem S. tone A. S. 855. den J. 856. sond J. sant ir da S. 857. Evfamianes A J. emfemianus S. 858. und fehlt, öne J. ane foerht vū an gr. S. 859. by der st. S. 860. voh A. úch, schier J S. er fehlt, vil fehlt S. 861. da A. begūdent J. 862. held eufamion J. herrē emfemiā S.

dem sprâchen si dô alle zuo
'vil rehte entsliuz uns unde tuo
865. mit rede kunt die wârheit.
warumbe wart uns niht geseit
daz diu vil hôhe sælde was
dâ heime in dîme palas
von der uns hie gesaget ist?'
870. 'ir herren', sprach er, 'wizze Krist,
mir ist verborgen diu geschiht,
wan ich enweiz darumbe niht
sô grôz als umb ein kleinez hâr.'
hie mite kêrte er sich für wâr
875. ze sîme tiursten knehte.
er sprach 'nu sage mir rehte,
weist du von disen dingen iht?'
'nein, ich, herre' sprach er, 'niht.
mir ist der sachen bilde
880. gar seltsæn unde wilde.'

Von dannen giengen si dô gar
und kêrten zuo dem hûse dar
darinne Eufêmîân dô was.
die keiser beide, als ich ez las,
885. die rœmisch reht behielten
und dô des rîches wielten,

---

863. da A. dē si do sprachend alle zů J. zů dem sprachent si do alle zů S. 864. uns fehlt J. vil reiner entschlůsse ůns uff vū tů S. 865. worheit A. Oberl. Gl. red J. dns kunt S. 866. warvmb J. warum S. 868. dem A. wz da haim jn dē palast J. dinem S. 869. gesagt S. 870. crist A. Ob. Gl., h're J. wise S. 872. wais J. dar ume S. 873. umb fehlt J. kleinez fehlt S. 874. er fehlt, verwar A. kert J. 875. zuo A. sinē J. ze sinem tor knechte S. 876. sag J S. 878. Nain ich sprach er h're niht J. nein sprach er herre nicht S. 879. sache J. 880. selzene A. gar wilde J S. 881. giegen A. 882. hus J. 883. da inne A. eufamion J. dar inne do enfemianus was S. 884. da beide, ich fehlt A. Der kais bald als J. 885. romesche A O. rőmsches J. die das rőmsche riche hieltent S. 886. wieltent J. und doch des rechten wieltent S.

```
          die giengen sunder schallen
          mit den burgern allen
          dar si got selber kêren liez.
     890. Arcadiûs der eine hiez,
          der ander hiez Hônôrje.
          mir seit diu wâre istôrje;
          ez giengen mit in ouch alsus
          der bâbest Innocentîus
     895. und manic hôher kardenâl.
          Eufêmiân dô sunder twâl
          sîne knehte sante er vür
          und biez nâch edeles herzen kür
          daz hûs vil drâte wieren
     900. und nâch dem wunsche zieren
          mit aller hande rîcheit.
          vil manic teppit wart gespreit
          ûf die benke in sîme sal.
          ouch wurden kerzen über al
     905. dar inne schône enbrennet:
          durch daz würde erkennet
          des wirtes guoter wille gar.
          und dô diu manicvaltec schar
          was in daz hûs gemeine komen,
     910. dô wart ein stille dâ vernomen
```

---

887. schalle J. 888. burgen alle J. burgeren allē S. 889. selbe, kêren fehlt A. kom̄e J. 890. archadius A J S. 891. honorge A. Onorie S. 892. hystorie J A S. vns, wâre fehlt J. vns S. 893. giend J. gieng S. 894. bapst jnnocēcius J. babst Jnnocencius S. 895. mēger J. manger hocher cardelan S. 896. Eufemiam da A. Eufamion do süder zwal J. sunder wan S. 897. mit sinē knechtn̄ jlte für J. sinen knecht sant S. (nicht, wie Pfeiffer hat, sante fvr). 898. edels A J. hies in nach S. 899. nnt däte vieren J. lauieren S. 900. wnsche A. Oberl. Gl. vn̄ gar nach wüschn J. 902. teppig J. bett wart da bereit S. 903. sinē J. sinem S. 904. wirden A. wurdont J. wurdent S. 905. schon J. dar inn gar schone S. 906. wirde A. fehlt J. das da wurde S. 908. da, valtig A. da S. 909. was fehlt, Vff in J. was in ein kom̄e S. 910. da A.

und ein swîgen under in.
den wirt den nam besunder hin
ein knappe biderbe unde vrum,
der alle zît Alexîum
915. het in der stæten huote sîn.
der mensche sprach dô 'herre mîn,
des ich gepflegen hân dâ her,
daz ist entriuwen lîhte der
den ir suochent, wæne ich, hie.
920. vil starkez wunder hân ich ie
bekennet an im und gesehen.
ich muoz iu des von schulden jehen,
daz er binamen heilec ist.
wan ich sach in alle vrist
925. den lîp vil marterlichen queln.
ich wil iu grôzen kumber zeln
dar în der sælig ist getreten.
wachen, vasten unde beten,
siufzen, trûren, weinen,
930. daz spürte ich an dem reinen
alle zît und allen tac.
sîn leit ich niht durchgründen mac
alhie mit endelicher sage,
wan iemer an dem sunnentage

---

912. Der wirt der J S. jn J. 913. vrom A. Den knabn biderben vnd from J. e(s?)inen knabe S. 914. zit fehlt J. 915. hete A. het fehlt, jn der statt hůte sin J. hatte in der hůte sin S. 916. sprach er h. m. A. sprach o h're m. J. mòntsch, dô fehlt S. 917. pflegen S. 918. enttru̇wen J. 919. suochent wen ich hie A. da sůchend wollend hie J. wellent S. 920. starke wunders ye S. 921. vñ han geseochen J. bekennent vnd an ime̅ da geschechen S. 922. vch A. u̇ch, des fehlt J. u̇ch das S. 923. heilic A. hailig J. heilig S. by namen S. 924. sag A. 925. der l. v. martellichen A. mart'lich zwellen J. quelen S. 926. vch A. u̇ch, zellē J. u̇ch, zellen S. 927. sälig- J. selig S. 929. vnd wainen J. sunfze̅ truren vñ senne̅ S. 930. spür, deme reine A. spurt, an dē vil rainē J. spurt S. 931. tage A. alle tag J S. 932. dvr grvnden A J. 933. endeliche A. endlich' sag- J. 934. wŏ je an J. wann an dem nŏchsten sunnentag S.

935. enphâhet er (waz sol des mêr?)
den gotes lîchamen hêr.'

Eufêmîân der mære
wart sêre vroüdebære,
wan er mit willen si vernam.
940. für daz bette er schiere kam
ûf dem Âlexîus dô lac.
für wâr ich iu daz sagen mac
daz er in dâ tôten vant
und einen brief in sîner hant
945. den er geschriben hæte vor.
daz tuoch daz huop er im enbor
dâ mite er lac verdecket.
und als er was enblecket,
dô schein sîn bilde, wizzent daz,
950. durchliuhtic als ein glasevaz
in dem dâ ist ein lieht enzunt.
er lac dâ bî der selben stunt
blüejende als ein rôse vrisch.
sîn varwe diu was engelisch
955. und ouch daz antlitze sîn:
diu beide gâben liehten schîn.

---

935. Enpfieng er wz sol dz mār J. empfieng er wz sol ich uch sagen mere S. 936. getos A. frönlichame J. lichā herre S. 937. S roter Initiale. Eufemiam dem mere A. Eufemion J. 938. vroeide A. frödnbare J. frodēbere S. 939. wō er mit willn J. wan mit willen er A. 940. schier J S. wan mit willen er A. 941. da A. 942. voh A. doh J. iu fehlt S. 943. dott (tod J.) da liggen (ligen J.) J S. 944. ain brieff J. vnd hatt ein brief S. 945. hate A. hette J. den er da hatt geschribē vor S. 946. Das zweite daz fehlt, er vff enbor J. das tůch hůb er uff enbor S. 947. dar mit er da lag verdecket S. 948. enplecket A. O. Gl. Do er ward enbleket J. wart entpleket S. 949. sein b. A. Oberl. Gl. sin lib wissent, daz fehlt J. iū sin lip wůssent das S. 950. dvrhluchtig, glaze A. glas, vaz fehlt J. 951. dâ fehlt, ein lieht ist A J. da fehlt, in dem ein liecht entzündet ist S. 952. dâ fehlt J. er sach in bi d. s. st. S. 953. blveiende A. Blügend J. blůient S. 954. diu fehlt, engelilich A. engelschlich J. 955. antliz A. antlit sine J. antlit sin S. 956. schine J.

Der vater sîn, Eufêmîân,
wolt im den brief genomen hân
den er hæte in sîner pfliht.
960. seht enmohte er in dô niht
gebrechen ûz der hende sîn.
dâ von sô leit er hôhen pîn
unde erschrac vil sêre.
mit sneller umbekêre
965. gienc er ze sînen gesten wider.
zuo den allen sprach er sider
'got, der wil unser ruochen;
den menschen, den wir suochen,
ich wæne ich den hân funden.
970. er hât bî disen stunden
genomen hie sîn ende.
ein brief in sîner hende
lît besigelt und behaft
den ich mit aller mîner kraft
975. nie mohte drûz gewinnen.
gescheiden ist von hinnen
sîn heilic sêle reine.'
sus giengen si gemeine
mit im alle dâ zehant
980. für daz bette dâ man vant

---

957. eufemion J. 958. hon J. 959. hete A. hett J. hatt S. 960. eht, in fehlt A. Secht do mocht er jn niht J. Secht do mochte er i͞m i͞n nicht S. 961. in gebrechen A. hande J. 962. grosse pin J. hoche pin S. 963. Vnd er schrak J. vnn er erschrac A. vnd erschrak S. 964. v͞mekere S. 965. zuo A J. zů sinem gesinde S. 967. gvot A. got wil ůns enrůchen J. gerůchen S. 968. den móntschen den wir da suochent S. 969. ich wene ich den h. A. Ich wen ich den hab füden J. ich wene ich habe inn funden S. 973. uersigelt S. 974. minen Oberl. Gl. 975. moht, drûz fehlt J. nie moht dar us g. S. mahte Oberl. Gl. 976. hinnan J. 977. sälig s. J. heilige S. 978. Do gingēt J. giengent S. 979. Mit enander do z. J. mitt i͞m alle zehant S. 980. do J. bett, man vant fehlt S.

Alexîum den klâren.
die zwêne die dû wâren
gebieter in der grôzen stift,
die wolten den brief und die schrift
985. vernemen unde schouwen dâ.
si sprâchen wider in alsâ
'swie wir sünder sîn genant,
sô müezen wir doch disiu lant
berihten und die crône.
990. ouch ist der bâbest vrône
ein vater al der kristenheit.
got hât gewalt an in geleit
über man und über wîp.
dâ von sô lâz in, sælic lîp,
995. enpfâhen von der hende dîn
den rodel und daz brievelîn
daz behaft dar inne lît.
verhenge daz bî dirre zît,
daz man gehœre und ouch gelese,
1000. waz dar an geschriben wese.'

Nu dise rede was beschehen,
dô wart ein zeichen dû gesehen
daz got in allen tet bekant.
entslozzen wart sîn heilec hant

---

982. warond J. 983. schönen gestift J. hochen stift S. 984. woltent, den und die fehlen A. geschrift, den und die fehlen J. geschrift S. 985. do J. 986. also J S. 987. Sid wir J. wie wol wir S. sint A J S. 988. mveze A. mŭsend J. mŭssent S. 989. vnd des riches trön J. vnn bevriden schon A. vnd des riches cron S. 990. werde b. vron A. werde bapst frön J. werde babst fron S. 991. cristenheit A. aller cr. J S. 992. den gew. A S. 994. las ein A. darum̄ so lass du seliger lip S. 997 u. 998 umgestellt J. 998. das J S. by der zit S. 999. man und ouch fehlt J. man gehörte vnd ŏch seche S. 1001. Nvn do dise red J. do nu die rede wz gescheche̅ S. 1002. da w. A. 1003. erkant A. 1004. heilic A. Den brieff den er hett jn d' hand J. das entschlossen wart sine hant S.

1005. wâ der brief lac inne dô.
mit disen dingen und alsô
gienc der bâbest lobesam
dêmüeteclichen unde nam
ûz der hende sîn die schrift.
1010. dar nâch dem schrîber von der stift
winkt er mit zühten unde rief;
er hiez in lesen dô den brief.

Der schrîber der hiez Ethiô;
von dem ein swîgen schiere dô
1015. geschehen in dem hûse was;
den brief bediute er unde las
bescheidenlichen ûf ein ort.
und als Eufêmîan diu wort
des brieves hœte erhœret,
1020. dô wart vil gar zerstœret
diu vröude sînes herzen.
vil angestbære smerzen
begunde er üeben alzehant.
von strengen sorgen im geswant
1025. daz er in unmaht nidervieL
vil manic heizer trahen wiel

1005. Da lag jne do J. da der br. S. 1007. ging der bapst J. gieng der babst lobesan S. 1008. temveteclich A. Demüteklich vnde J. demüttenklichen vnd kam S. 1009. geschrift J. vnd nam im uss sin' hande die geschrift S. 1010. der sch. A J. 1011. winket er A. winkt er vnde rûft J. 1012. da A. dô fehlt J. Nach 1012 schiebt S 12 Verse ein. 1013. Das zweite der fehlt A J S. echco J. Grüner Initiale in S. 1014. schier J. von den lütê ein schwigen do S. 1015. ersehen J. 1016. betütet, er fehlt A. tett er vff vñ las J. bedutte er S. 1017. fehlt J. vncz uff S. 1018. evfemiam A. eufamion J. enfemiä S. 1019. hate erhoret A. hett erhort J. hatte erhöret S. 1020. da, zerstoret A. z'stört J. 1021. vroide A. fröde J S. 1022. jamerlichn J. angstberen S. 1023. begvnd er A. Begond er J. begont volbringē S. 1024. wortē J. 1025. daz er vor vngemach dar nider uiel S. 1026. vil mēgē haissen trähen er da lie J. vil manger heisser trecher wiel S. harter A. herter Oberl. Gl.

       ûz sînen ougen lûterlich.
       und als er ûf gerihte sich,
       dô brach ûz sîme hâre
1030. der edel und der klâre
       vil manegen ungefüegen loc.
       er zarte mantel unde roc
       vil sêre und ouch vil harte.
       bî sîme schœnen barte
1035. reiz er im selben unde zôch.
       der herre von geburte hôch
       lûte und marterlîche rief.
       sîn herze in houbetsorgen tief
       gar mit grôzem jâmer wiel.
1040. ûf den tôten er dâ viel
       erbarmeclichen unde sprach
       'wê mir hiute und iemer ach
       daz ich zer werlte ie wart geborn!
       herre und sun mir ûz erkorn,
1045. den ich tôt hie funden hân,
       warumbe hâst du mir getân
       sô bitterlichez trûren schîn?
       durch waz hâst du die sêle mîn
       betrüebet gar ze grunde,
1050. daz du sô lange stunde

1027. vsser sinen ōgē bitterlich S. lviterlich Ob. Gl. 1029. da, linden hore A. Er brach vss sinē J. do rȯ̂ft er us sin hare S. 1030. clare A J S. 1031. mangen A. mēgen J. mangē S. 1032. es J. zerzarte S. 1033. fehlt J. 1034. vss sinē J. sinem S. J schiebt vor 1035 ein: Dz har mit der schwarten. 1035. Rȯ̂ft J S. im] sich A J S. selber A J S. 1036. hoh J. 1037. martelliche A. mart'lichū rūft J. marterlichen S. 1038. in den sorgen A. jn hȯ̂btsorgen J. in ganczen sorgen S. 1039. So vast jn jamer viel J. fehlt S. 1040. vff den töten lib er vil J. so mit iamer vnde viel vff den dotten libe S. 1041. Erbarmherczeklich J. gar erbermklich S. 1043. welte A. welt J. ze der welt S. (ie auch in J.) 1044. vzzerkorn A. mir fehlt J. sun vil usserkorn S. 1045. hie tod J. 1046. warvmb J. warumͤ S. 1047. bitterlichen A. bitterlichē J. bitterliches S. 1048. dvrh A. dur J S. hastū S. 1049. zuo A. hin ze J S.

in mîme hûse wære
und du niht offenbære
dich mahtest mînen ougen?
diu rede ist âne lougen,
1055. daz du mir hâst ze herzen
vil siufzen unde smerzen
gesenket alliu mîniu jâr.
ich wânde stille und offenbâr,
daz ich gesæhe noch die stunt
1060. daz du mir lebende würdest kunt
und ich hœren solte dich.
nu hât ez sô gefüeget sich
daz du mir keine antwürte gîst
und nu vor mînen ougen lîst
1065. tôt ûf eime bette swach.
von schulden muoz ich sprechen ach
und wâfen schrîen iemer.
von leide sol ich niemer
enbunden werden noch erlôst.
1070. wâ vinde ich armer solhen trôst
der noch mîn herze ergeile
und al die wunden heile
die durch dînen willen sint
dar în gehouwen, liebez kint?'

1051. minē J. minen S. 1052. vnd da mit offenbare J. vnd dz nit S. 1053—1058 fehlen J. 1053. vor minen ōgen S. 1054. lognen S. 1056. vnd vil schmerczē S. 1057. allv mine A. alle mine S. 1058. still S. 1059. Dz ich gesach noh nie stūd J. seche S. 1060. wirdest A. lebūdig werdist küt J. lebent wurdest S. 1061. hörren S. 1062. Nvn hett es sich g. s. J. hast es suss S. 1063. antwirte A. kain antwurt J. das du kein antwūrt mir gist S. 1064. vnd du J S. 1065. ainē J. einem S. 1066. jehen J. 1067. von vaste A. waffen schrigen J. waffen schr. yemer me S. 1068. fehlt J. leid, niemer me S. 1069. gebvnden werden nach erlast A. entbunden w. vū e. S. 1070. solichon A. Ob. Gl. solichen J. arme semlichen S. 1071. Dar nah min h'ez e. J. dar nach min hercz e. S. 1072. alle die wnden A. alle die J S. 1073. durh A. dur J. 1074. dar in fehlt, mir wordū l. k. J. dar in gegossen S.

1075. Die klage treip Eufêmîân: [V. 1069—1098]
vil trûrens wart von im getân
umb des tôten herren lîp.
sîn muoter, daz vil reine wîp,
dô si vernam diz mære
1080. daz ir sun dâ wære
tôt funden zuo dem mâle,
dô wart ûf grimme quâle
gereizet ir vil kiuscher muot.
si tet alsam der löuwe tuot
1085. der sînen schaden richet
und daz netze brichet,
dar in er ist gevallen.
vor den liuten allen
begunde si zerschrenzen
1090. ir kleider und engenzen
ir wât unmâzen tiure.
diu süeze und diu gehiure
leite ûf klage ir hôhen vlîz.
enpflohten von ir henden wîz
1095. wart ir sîdîn valwez hâr.
ir ougen lûter unde klâr
warf si ze himele unde schrei
sô lûte daz ir möhte enzwei

1075. Evpfemian A. eufomion J. enfemian S. Roter Initiale in S.
1076. v. trurē ward vō jn g. J. vil wunders S. 1077. vmbe A. fehlt J. vm̄ S.
J schiebt nach 1078 ein: Versank jr hercze sit. 1079. da A. die m. J.
1080. die mâre J. dise mere S. 1081. den A. 1082. da A. uss grimem
S. 1083. jn vil kunsch' müd J. gereisset ir uil hocher müt S. 1084. alz
am der lowe A. Oberl. diatr. u. Gl. als S. 1086. riet zerbrichet A. Oberl.
diatr. u. Gl. necz zerbrichet J. S. 1088. alle J. 1089. begonde S. 1090.
Ir klaider als jr gezem J. entgencze S. 1091. ir wart vnmaze ze stvre
A. jr ward J. ir fröd wart u. t. S. 1092. die die süsse S. 1093. vff clag
leitte iren hochen flis S. 1094. irn A O. Entflochn̄ J. entflochtē S.
1095. sidn̄ farwes hare J. siden falwes S. 1096 clare J. vnd dar S.
1097. zvo himel A. himel J S. 1098. mochte A. möcht J. lut, ent-
zwcy S.

[V. 1099—1114] daz herze sîn gespalten.
1100. die jungen zuo den alten
 brâhte si ze leide.
 ir blanken hende beide
 diu schœne marterlichen want.
 dô si ir rûmes niht envant
1105. vor der manicvalten schar,
 daz si möhte komen dar
 zuo des tôten bette wol,
 dô rief diu vrouwe jâmers vol
 und sprach mit jâmers schalle
1110. 'nu stânt ûf hôher alle
 durch got von himelrîche
 und helfent mir gelîche
 daz ich mîn leit beschouwe
 und ich vil arme vrouwe
1115. mîn liebez kint gesehen müge.
 den sun der innenclichen süge
 mîn herze und mîniu brüstelîn,
 den lânt mir hiute werden schîn
 durch daz ich in geweine.'
1120. sus trâten si gemeine

1099. zspalten J. ir hercz sin zerspalten S. 1100. zuo der, korrigiert aus vnn die A. vnd die J S. 1102. blaiken J. 1103. Da sch. J. 1104. Vnd do si jr libes nit enpfand J. vū do si iren gemachel nit ernant S. 1105. manigvalter J. 1106. mochte A. Das si nit komē mochtend dar J. 1107. bettē also J. 1108. Do růft si frowe j. v. J. do růfte die frów j. v. S. 1109. jam' schalle S. 1110. nv stent vf hohen alle A. Nvn stōnd vff jr h'ren allv J. nū stand vff ir herrē alle S. 1111. dur J. 1112. gliche A. 1113. geschowe J. geschöwe S. 1115. lebez A. mǔg J S. 1116. svnn A. sugin J. den sun fehlt, den innenklichen der da sůge S. 1117. mîn herze vnn min brv̄stelin A. Min hercz vn minu̇ bristelin J. min hercz vnd (neue Spalte) vnd och min brůstelin S. 1118. Den lond mir hůt w. sch. J. 1118—1167 fehlen S. Nach 1118 schiebt J ein: wō ich bin die můter sin. 1119. dvrh A. Dvr dz ich jn waine J. 1120. trurten (u, wo sonst gewöhnlich v) A. tätend J.

úf hôher unde liezen dar
die vrouwen aller wunne bar
kêren zuo dem bette.
des wart von ir enwette
1125. geweinet unde enwiderstrît.
si viel dâ nider an der zît
ûf den tôten jungelinc.
si tete jæmerlîchiu dinc
und angestbærez ungemach.
1130. si rief erbarmeclichen 'ach,
sun lieber unde wol getân,
durch got, wie hast du uns gelân
mich armen und den vater dîn
daz du sô lange bist gesîn
1135. in unser zweier hûse hie
und daz du doch darunder nie
dich woltest uns erscheinen?
du sæhe uns nâch dir weinen
und ze herzen dicke slahen.
1140. wir guzzen manegen herzen trahen
durch dîne leide hinevart,
alsô daz uns von dir nie wart
geseit daz du wær unser kint.
wir wâren leider alsô blint
1145. daz uns betrouc dîn bilde
und uns dîn leben wilde

1121. höhe, liessent J. 1122. vrowe A. Dis frowlin J. 1124. jn wette J. 1125. g. vaste wider strit A. 1127. jügling J. 1128. stalte J. 1129. jn angstlichē u. J. 1130. Si rûft erbärmdherczklich ach J. 1131. vnd öch wol J. 1132. Dur, uns fehlt J. 1133. von mir vnn dem v. d. A. 1133 und 1134 folgen in A umgekehrt. Die richtige Reihenfolge ist aber durch Vorsetzung der Buchstaben b und a wiederhergestellt. 1133. mich arme J. 1135. Bi vns ze waine vn̄ also hie J. 1136. darvnde A. 1138. sächt J. 1139. hercze dik schlachen J. 1140. wir gussent mangen herzen trahen A. Oberl. Gl. wir v'gussen mēgen trahen J. 1141. laide hin uart J. 1142. alz A. nie von dir J. 1143. wær fehlt J. 1144. alz A. warēt J. 1145. betroic A. betrög din bild J. 1146. Das vn̄s d. l. also wild J.

was in allen stunden.
wir beide niht enkunden
erkennen dich ze rehte.
1150. dâ von dir unser knehte
buten manege smâcheit,
daz vil gedultecliche leit
dîn herze und dîn vil heilic lîp.
ach unde wê mir, armez wîp,
1155. daz ich gewan mîn leben ie!
durch waz hâst du geworben hie
sô griuwelîche, herre mîn,
daz du mir und dem vater dîn
verswige dîn geverte?
1160. wie mohtest du sô herte
gesîn, vil herzeliebez trût,
daz du dich stille und überlût
vor uns beiden hæle
und in der nœte quæle
1165. daz dich dîn eigen hoveschar
brâhte zeime spotte gar.'

Mit disen worten und alsô
klagete diu vil reine dô
ir sun getriuwelichen gar.
1170. dar unde dar und aber dar
viel ûf in daz erwelte wîp.
dick über sînen tôten lîp

1147. ward J. 1148. entbüden J. 1149. Bedenkū nit ze recht J. 1150. knecht J. 1151. bvttent mange sm. A. buttēt menge J. 1152. Das du gedulteklich l. J. 1153. vil auch bei J. 1154. vnd owe J. 1157. feblt J. 1158. daz du mich und den v. d. J. den vater A. J schiebt ein: Nie lieste werdn schin. 1159. Vnd v'schwigen häst din geuerte J. 1161. hercz liebes kind J. 1162. dū mäire vnsäglich sind J. 1163. vor vns baidn nāmbd häbe J. 1164. qwale J. 1165. eigin A O. 1166. brahten zuo eime sp. g. A. hie brächte zū jrem spotte gar J. 1167. alsus J. 1168. fehlt J. clagte die reine da S. 1169. irn svn vil getruwelichen gar A. getrūweklichn J. jren sun getrūlichen gar S. 1170. darum vn aber dar S. 1171. vzzelwelte A. usserwelte S. 1172. vil dik vff S.

ir arme si dô spreite.
si twanc in unde leite
1175. an ir vil senftez brüstelin.
sîn bilde in engelvarwen schîn
verkêret und verwandelt
daz wart von ir gehandelt
schône und minnenclîche.
1180. diu süeze tugende rîche
dar ûf vil manegen trahen gôz
der ûz ir liehten ougen vlôz
vil ineclîche bin ze tal.
die guote kuste in über al
1185. an sîniu wunnenclîche lider.
si rief eht aber schiere sider
zuo den liuten unde sprach
'ir alle die mîn ungemach
hie sehent unde wizzen,
1190. ir sint darûf gevlizzen
daz ir mit mir weinent
und grimme klage erscheinent,
durch daz erbermeclîche dinc
daz dirre tôte jungelinc
1195. bî mir sibenzehen jâr
ist gewesen offenbâr

1173. da A J. dô fehlt, zerspreitte S. 1174. Si nam J. zwang S. 1175. An jrn vil rainē brutelin J. 1176. si b. in gelwer varwe sch. A. engel farwe J. engelschlichen S. 1177. verwādlet J. bekeret vnd verwandlot was S. 1178. Des ward er gehandlet J. von ir da gehandlet bas S. 1179. So vnd m. J. schon vn minneklichē bic S. 1180. dugēt J. die schône vn die tugentriche S. 1181. mangen A. Dar vss vil mēgen trehen göss J. mangē trechen S. 1182. ir fehlt J. claren S. 1183. mmeklichen J. minneuklichen S. 1184. kvst A. Die gūt die kust J. die gottes kúsche überal S. 1185. wūneklichen J. gelider S. 1186. Si rieft ach a. sch. wider J. Si rûfte aber schier wider S. 1189. h. sehed vnde wissend J. h. sechent vn wússent S. 1190. jr sind gar g. J. 1192. grime A J. clag J S. 1193. erbarmecliche A. erbärmdliche J. erbermkliche S. 1194. jūgling J. jūngling S. 1195. sibenzehen zehen iar A. 1196. ist da g. S.

[V. 1191—1214]
unde mich darunder nie
gewizzen noch vernemen lie
daz er was mîn einic kint.
1200. nu merkent alle, die hie sint,
daz wunderlîche wunder!
den ich hân besunder
gesöuget an der brüste mîn,
daz der sô herte mohte sîn
1205. daz er sich ie vor uns gehal.
von sînen knehten über al
hât er erliten smæhen schimph.
wan si begiengen ungelimph
an im (deist âne lougen).
1210. si spîten under ougen
dem ûzerwelten allen tac.
dâzuo wart er ûf den nac
von ir henden hie geslagen.
begozzen ist er und getwagen
1215. vil harte dicke mittem labe
daz vil maneger schüzzel abe
wart gespüelet hie ze hûs.
nu sehent, die marter und den grûs
leit er gedulteclichen ie
1220. sô daz er uns geseite nie

1197. Vnd er mich da wider nie J. vnd er mich darum̄ nie S. 1198. geschwigū vnd v'nemē hie J. 1199. was fehlt, ainig J. eigē S. eines A. 1200. maerkent A. merkūt J. 1201. Dis J. diss wunderlich ding S. 1202. Das J S. 1204. möht J. 1205. von A. O. Gl. v'hall J. hie, uerhal S. 1206. vor S. 1207. swerin A. gelittn̄ smächē J. gelittē schmechen S. 1209. daz ist A. dz ist öne lögen J. das ist S. 1210. sv spiheten im in die ougen A. Si spigten im J. si spuwent im vnder sin ōgē S. 1211. alle tage J. alle tag S. 1212. Dar zuo, vō den nake J. darzů wart er uff sinen nak S. 1213. irn A. iren S. 1214. getwahen A. O. Gl. bezwagn̄ J. betwagen S. 1215. wil Ob. Gl. mit dem A. O. Gl. mit ir J. dik mit dem S. 1216. manger schusseln A. Ob. Gl. mēger J. dz manger schusselen S. 1217. gespulet A. gespuilet Ob. Gl. hie vss J. 1218. secht J. sechent S. 1219. Dz laid er J. gedultenklichen hie S.

von sîme dinge ein wörtelîn.
wer ist, der nu den ougen mîn
wazzer mit genühte gebe,
durch daz ich al die wîle ich lebe
1225. tac unde naht beweine
daz jâmer niht ze kleine,
daz an im beschehen ist.
ich armiu sol ze keiner vrist
vinden alsô rîchen trôst
1230. daz von sorgen werde erlôst
mîn jâmerhaftez herze.
leit unde grimmer smerze
muoz dar inne sîn begraben
die wîle ich mac daz leben haben.

1235. Dô disiu klage ein ende nam,
geslichen dâ diu schœne kam
diu sîn gemahel was gesîn.
diu liez ouch marterlichen pîn
an ir libe schouwen.
1240. man sach die werden vrouwen
mit rîchem purpur wol bekleit.
ir innenclichez herzeleit
wart sô klagebære
und alsô grôz ir swære,

1221. sinē dingū J. sinem S. 1222. wer ist nū der S. 1223. genucht gebn J. 1224. alle die wil ich lebn J. durch dz alle die wil ich lebe S. 1225. geweine S. 1226. zuo A. nit so kleine S. 1227. Das an mir gesechen ist J. geschechen S. 1228. zvo A. zů S. 1229. alse A. 1230. werd J. 1232. grimmē smerczū J. grnnen schmerczē S. 1233. in A. můs ich tragē an minem hercze S. 1234. die wil vū ich mag leben S. 1235. nv (mit kleinem Anfangsbuchstaben) dise clage ein ende habe A. klag- J. do nū diser red ein end wart gebē S. A schiebt ein: Nv (mit grossem Anfangsbuchstaben) alz ich vernomen han A. 1236. schoen A. Beschaidenlich do d. sch. k. J. do kam gegangen die uil arme reine S. S schiebt ein: mit sunder clag si sich erscheinde. 1238. martellichen A. mart'lich pin J. vil mart'liche pin S. 1239. irem lip S. 1241. purpul A. pfeller S. 1242. minnenkliches S. 1243. klagebāre J. 1244. alz A. ir fehlt J. vnd so g. ire schwere S.

[V.1239—1258] 1245. ez möhte got erbarmen.
si sprach 'owê mir armen
daz ich gewan mîn leben ie!
wie bin ich hiute komen hie
ze leides ungewinne,
1250. sît daz ich mîne minne
und mînen vriedel hân verlorn!
den ich ze vriunde hæte erkorn,
der ist mir leider hie benomen.
ich bin getreten unde komen
1255. vil gar in leides orden.
ein witewe bin ich worden
und âne trôst verlâzen.
kein trûren sol sich mâzen
ze mîner grimmen herze klage.
1260. von schulden muoz ich mîne tage
erbermeclîche weinen,
wan ich enhân dekeinen,
den ich von herzen gerne sehe
und dem ich holdes muotes jehe
1265. beid offen unde tougen.
der spiegel mîner ougen
ist zerbrochen sêre.
mîn vröude und al mîn êre
sint versenket und begraben.
1270. vil strenge swære sol ich haben,

1245. mohte A. 1246. owi A. 1248. hütt S. hvte A. hvite Ob. Gl. 1249. zvo A. Ob. Gl. vngewuūe J. ju leides vn gewūnne S. 1250. min S. 1251. vriesel A. Ob. Gl. 1252. hett J. ze fróden hatt S. han A. 1254. vū bin k. S. 1256. wittewe A. witwe J S. 1257. vnd ön tr. v'laussen J. 1258. kain trūwe (nicht riuwe) sol ich mässen J. sol ich S. 1259. zuo m. grimmer A. grīme h'czū klag· J. herczen clag S. 1260. klag J. vō schadē m. i. m. tag S. 1261. Erbarmherozeklich J. erbermklichen S. 1262. wō ich han d. J. wann ich han d. S. 1264. Vnd dē hohes mūtes jehe J. vnd dem ich da huldes (?) mūge jechen S. 1265 bis 1286 fehlen J. 1265. vnd óch t. S. 1268. vroide vnn alle A. mit fróden vnd alle mine ere S. 1270. v. st. schwere S. v. st. tage A.

diu mir ân ende wirt gegeben.
die wîle daz ich hân daz leben,
sô muoz ich sîn an vröuden tôt
durch daz jâmer und die nôt,
1275. daz ich stille und überlût
vor mir sach mîns herzen trût
und ich des niht erkande.
owê vil maneger hande
leides daz mir ist beschert!
1280. an vröuden ich muoz sîn verhert
und iemer lebende sterben.
mîn wunne sol verderben
und al mîn rîche zuoversiht;
wan ich vil arme enruoche niht
1285. daz mir liebes ist beschehen
† und man mich iemer vrô gesehen,
sît ich hân mîn liep verlorn,   [V. 1259—1264]
daz ich ze vröuden ûz erkorn
hœte mir aleine
1290. für al die werlt gemeine.'

Durch den vil klagebæren pîn,
der dâ geschah an disen drîn,

1271. dv mir armer sint gegeben A. die mir ane ende wirt gegeben S. 1272. wil A. die wil dz ich mag leben S. 1273. vroiden A. so můs ich sin arme ane fróden dott S. 1275. still S. 1276. seche mines S. 1278. manger S. 1279. 1. das ist mir beschechen S. 1280. vroiden A. fehlt S. 1281. lebene A. ju leide můs ich yemer streben S. 1283. vnd alle im frod ersterbē S. 1284. ruoche A. fehlt S. 1285. liebes] leides A. vū das leid dz mir ist beschechen S. 1286. vnd sol mich niemā me frólich seche S. [also beide Verse auch in S, obwohl sie bei Pfeiffer ausgelassen sind.] Ueber die Verderbnis cfr. Anm. 1287. Sid dz J. sid das S. 1288. zuo vroiden A. ze fród hett vsserkoren J. ze fróden hatte usserkoren S. 1289. hete mir alleine A. 1290. für alle die gemaine J. durch alle die w. g. S. 1291. klagberen A. Do der vil klagūbare J. S schiebt 20 Verse ein. 1291. durch die uil cleglichen pin S. 1292. vnd mā sach die sware J. die da geschach von d. d. S.

wurden liehtiu ougen rôt.
si weinden al der drîer nôt
1295. ûz innenclichem herzen.
ir jâmer und ir smerzen
klageten beide junc unt alt.
von rîcher koste manicvalt
ein bâre schiere wart bereit,
1300. dar ûf der tôte wart geleit
und mitten in die stat getragen.
man hiez den liuten allen sagen
daz man den menschen vunden
het nu bî den stunden
1305. der alsô heilic wære.
durch daz vil süeze mære
wart vil manic herze vrô.
die bürger giengen alle dô
der bâre engegen âne spot.
1310. dô liez der ûzerwelte got
vil manic zeichen werden schîn.
wan swer an den geliden sîn
was versêret oder wunt,
der wart vil schiere dô gesunt
1315. swenne er zuo der bâre kam.
vil manic ûzsetziger nam
an sich reineclîche kraft.
und swer besezzen und behaft

1293. wirden liehte A. wurdent uil liechter ôgen rott S. auch in J nicht dô. 1294. alle A. all jr drig nöt J. alle ir S. 1295. herze A. minnenklichem S. 1296. jrá jamer vnd iren schmerczē J. 1297. klagtend J. clagten S. 1298. kost J. 1299. schier wz J. 1300. der dotte sichere wart g. S. 1301. hin durch A. vū enmittē jn d. st. g. J. vnd enmittē in in d. st. g. S. 1304. hette bi disen st. J. hette by den st. S. 1305. da alz A. 1307. mēges J. 1308. gienge A. die burger alle giengent do S. 1309. öne allen spot S. 1310. da A. 1311. menig J. wurden S. 1312. wō wer J. wann wer an den gelideren sin S. 1314. da A. schier J. da S. 1315. ewen J. wenn S. swen A. 1316. v. mani uzzetziger man A. menig vsseczig man J. v. m. ussetziger man S. 1317. fehlt J. nam an sich reinikeit vū craft S. 1318. w' J. vnd wer b. v. beheft was S.

mit dem bœsen geiste was,
1320. der wart erlœset und genas
in des vil werden gotes namen.
ouch wurden blinden unde lamen
ir swæren sûhte dô genert.
den siechen allen wart beschert
1325. daz si gesuntheit fuorten.
wan swenne si geruorten
die bâre, sô wart in gegeben
kraft und ein vrœlichez leben.

Und dô die keiser sâhen
1330. daz alsô vil geschâhen
zeichen an ir gnuogen,
die bâre si dô truogen
selbe zuo dem münster hin
durch daz heil und den gewin
1335. daz sie müesten werden
gesegenet ûf der erden
von des herren heilikeit,
der ûf die bâre was geleit
und alsô manic wunder tete.
1340. ouch wart der bâbest an der stete

1319. m. d. b. geist wússent das S. 1320. war irloeset A. gelòset J. S. enthaft S. S schiebt ein: durch die werden gottes craft. 1322. o. wirden bl. v. lammen A. wurdent J S. 1323. svchten, dô fehlt A. súchten da g. J. súchten, dô fehlt, generet S. 1824. allen fehlt S. 1325. borhten A. 1326. wēnē J. wann wenn si m̄ da berůrtent S. 1327. do ward jū gebū J. vnd die b. s. w. inē gebē S. 1328. crafft vnn ein vroelichen leben A. frólich J. vnd fródenriches leben S. 1329. A hat keinen grossen Buchstaben und S nicht einen Initialen. da A. S schiebt 8 Verse ein. 1829. vnd do das die zwen keyser ersachen S. 1331. zaichū vor ir ögen J. genûgen S. 1332. da A. Die bäre die si d. tr. J. do solber trågent S. 1833. Selber J. S. 1335. mûstend J. musten S. 1336. gesigelt vff der erdū J. gesligētt vff der erden S. dirre erden A. 1337. heiligen heilikeit A. hren sålikeit J. herren heilikeit S. 1338. Dar vff d. h. wart g. J. 1339. wnder tet A. tett J. dett S. 1340. stet A. stett J S. bapst J. babst S.

[V. 1813—1834]

mit in die bâre tragende.
waz sol hie mê ze sagende?
dô wart ein grôz unmâze
geworfen an die strâze
1345. von silber und von golde rôt,
durch daz den liuten würde nôt
hin zuo dem schatze bî der zît
sô daz si niht enwiderstrît
drungen zuo der bâre.
1350. der heilig und der klâre
wart in daz münster schiere brâht,
dâ sîn vil schône wart gedâht
mit gotelichem ruome.
man sprach in deme tuome
1355. lop unde prîs vil maneger slaht.
im wart gewachet siben naht
mit gesange und mit gebete.
und dô diu woche ein ende hete,
dô was mit hôhem vlîze starc
1360. bereit ein wünneuclicher sarc
von golde und von gesteine.
dar în sô wart der reine

1341. tragen J. mit inen S. 1342. sagenne A. wz ist hie vō me ze sagen J. was duchte me ze sagende S. 1343. da A J. 1345. von rotem gold S. 1346. wirde A. ward J. wurde S. 1348. nnt (sic!) hin wider strit S. 1349. trvngen A. Trůgent J. trungēt S. 1350. hailig J. heilig S. 1351. sicher brâcht J. 1352. Da sin schiere w. g. J. das sin uil schiere S. 1353. gotlicheme A. gotlichē J. gótlichem S. 1354. Vnd sp. in dé J. dem S. 1355. manger A. mèger schläht J. lob vnd ere uil mang' schlacht S. 1356. gewahet A. vil menig nacht J. mange nacht S. 1357. mit gesang beide vn mit gebett S. sang, beide fehlt A J. (Dieser Vers also auch in J.) gebet A. 1358. vnn da die wuche e. e. het (verbessert aus hat) A. E die woch ain ende nam J. die wuchen e. e. hett S. J schiebt nach 1358 ein: vnd es jn die statte kam. 1359. da, hohen A. ward J. S hat nicht wart nach Pfeiffer, sondern was. 1360. m̄meklich' J. jm̄ bereit S. 1361. gold J S.

mit grôzen êren in geleit.
man bôt im ganze werdekeit
1365. nâch der wâren schrifte sage.
und dô man sibenzehen tage
vertreip des herbstes mânen wol,
dô wart daz grap sô rehte vol
von süezem ruche, in dem er lac,
1370. als aller guoten würzen smac
drungen von dem sarke.
des lobete man dô starke
den werden got besunder
der alsô manic wunder
1375. tet an sîme knehte schîn
und ouch durch den willen sîn
vil manic zeichen sît begie.
swer in ûf ertrîch êret hie
und im gestât mit dienste bî
1380. der mac von schulden werden frî.

Dâvon sô râte ich gerne deme
der sîn leben hie verneme

1363. Mit hohē eren dar jn g. J. mit hochē ēren do g. S. 1364. wirdikait J. wirdikeit S. 1365. geschrift sage J. geschrifte sag S. 1366. tag J S. (J also bei Haupt fälschlich angegeben.) 1367. des herbestes manen A. der herbist monot J. des herpst manē des (?) S. 1368. Des ward dz grabe so recht vol J. da A. grab vol alles S. 1369. rovche A. v. süssen rōch dar jnne e. l. J. von fehlt, gūttes schmakes S. 1370. gvoter wrzen A. gütter S. 1371. Trugend v. d. sarche J. trunge S. 1372. so st. A. Dez lobt mā so starke J. das lopte S. 1373. bisunder A. 1374. alse A. also grosse w. S. 1375. sinē knechtn J. sinem, schîn fehlt S. S schiebt ein: der wise und der gerechte. S schiebt nach 1376 ein: so tū vns din genade schin. 1377. beging J. vil maniges z. er sider do begie S. 1378. wer j. v. erde e. h. J. wer iñ vff der erden hie S. 1379. mit crē bi J. und fehlt S. 1380. sündñ J. der mag sünden werden fry S. 1381. A kein grosser Buchstabe, S kein Initiale. dem A. deme fehlt J. rat ich dir me S. 1382. vernem A. lesen S.

[V. 1355—1376] und von im diz getihte lese
daz er im undertænic wese
1385. mit ganzen triuwen iemer.
sîn trôst verlât si niemer,
die sich ûf sîne gnâde lânt.
von Basel zwêne bürger hânt
sô rehte liebe mir getân
1390. daz ich von latîne hân
diz mære in tiusch gerihtet.
ez wart durch si getihtet
gerne und willeclîche doch,
daz man dâ bî gedenke ir noch
1395. und mîn vil tumben mannes.
von Bermeswîl Jôhannes
und ouch Heinrich Îsenlîn,
die zwêne vlîzic sint gesîn
daz ich ez hân zeim ende brâht.
1400. des werde ir noch von den gedâht
die diz getihte hœren lesen.
si müezen beide sælic wesen
an lîbe und an der sêle dort.
got gebe in stæter vröuden hort
1405. und êwiclicher wunnen rât
und daz ich armer Kuonrât

1383. gedicht S. 1385. ganzer A. 1386. jn niemer J. inn niemer S. Mit 1386 schliesst J. Es folgt mit roter Tinte die in der Einleitung S. 14 angeführte Angabe des Schreibers. 1387. genade S. 1388. basel A S. han Ob. diatr. zwen S. S schiebt nach 1388 ein: diss mer uff dütsch geticht. 1389. vū mir so recht liep getan S. 1390. ich es A O. hant Ob. diatr. das ich usser latine han S. 1391. fehlt S. tvsche A O. 1392. war Ob. diatr. es durch si han gedichtet S. 1393. gerne vnd willenklichen, doch fehlt S. Nach 1393 hat S: das ůns got alle füre in das himelriche — vnd wir da mit im̄ lebent ewenkliche — dar zů helf vns gott der vatter vnd der sun — vnd der heilig geist yēmer vnd nun amen. 1397. y senlin A. 1399. zuo ende A. zu Ob. diatr. 1400. werden A. 1401. horen A. 1404. vroiden A.

von Wirzeburc gelebe alsô
daz mir diu sêle werde vrô,
des helfe mir der süeze Krist
1410. der got bî sime vater ist
bî sîner zeswen sîten
ân ende zallen zîten.
âmen.

1407. wrzebvrc A. 1412. ane ende svo A.

[Die Anmerkungen erscheinen Acta Germanica, Organ für deutsche Philologie. Herausgegeben von Rudolf Henning. Berlin, Mayer & Müller Bd. VI, Heft 1. 1898.]

Lebenslauf.

Geboren wurde ich, Richard Henczynski, evangelischer Confession, am 1. Oktober 1875 zu Berlin als Sohn des jetzt pensionierten Polizei-Wachtmeisters Gustav Henczynski und seiner Ehefrau Hedwig, geb. Wierse. Das Glück, mich einem wissenschaftlichen Lebensberuf widmen zu können, ermöglichte mir die Güte des Herrn Geheimrat Dr. Remacly, dem ich auch sonst in vieler Beziehung zu tiefstem Dank verpflichtet bin. So konnte ich das Askanische Gymnasium zu Berlin mit seiner Vorschule in zwölf Jahren vollständig absolvieren, um es am 9. März 1894 mit dem Zeugnis der Reife zu verlassen. Ich bezog darauf die Friedrich-Wilhelms-Universität zu Berlin, an der ich 4 Semester hindurch neuere Sprachen und Geschichte studierte. Ich hörte die Professoren Weinhold, Roediger, Heusler, E. Schmidt, Tobler, Waetzoldt, v. Treitschke, Hoeniger, Stumpf, Kiepert, Steinthal, die Privatdozenten Pariselle, Schultz, Harsley, Jastrow, Klebs und besuchte ein Semester das Seminar von Prof. Lenz. Nach unserer Uebersiedelung von Berlin nach Konstanz i. B. im Frühjahr 1896 liess ich mich an der Kaiser Wilhelms-Universität zu Strassburg immatrikulieren, der ich jetzt im 5. Semester angehöre. Ich besuchte die Vorlesungen der Professoren und Privatdozenten Martin, Henning, Joseph, Gröber, Roehrig, Hübschmann, Varrentrapp, Bresslau, Neumann, Windelband. In 2 Semestern gehörte ich dem Seminar für deutsche Philologie, für romanische Sprachen, für neuere Geschichte und für Geschichte des Mittelalters an.

Von allen meinen Professoren bin ich Herrn Prof. Martin zu grösstem Dank verpflichtet. Indem er mir eine von ihm gefundene, wertvolle Handschrift zur Bearbeitung gütigst überliess, ermöglichte er mir die vorstehende Arbeit, die er durch seinen jederzeit bereiten wohlwollenden Rat auf das freundlichste förderte und unterstützte. Ferner möchte ich Herrn Dr. Joseph bitten, an dieser Stelle meinen aufrichtigsten Dank für manchen, bei seiner Kenntnis des Konrad v. Würzburg mir besonders wertvoll gewesenen Wink freundlich entgegennehmen zu wollen. Auch ist es mir eine angenehme Pflicht, meinen Dank für die mir von Herrn Prof. Henning besonders bei der Drucklegung der Arbeit gewährte liebenswürdige Hülfe hier abstatten zu können. Aber auch allen meinen anderen Lehrern an der Strassburger Universität fühle ich mich für die Leitung und Förderung meiner Studien zu tiefstem Dank verpflichtet.